MANIFESTACIÓN

MANIFESTACIÓN

MARTHA CARRILLO

VERGARA

El papel utilizado para la impresión de este libro ha sido fabricado a partir de madera procedente de bosques y plantaciones gestionadas con los más altos estándares ambientales, garantizando una explotación de los recursos sostenible con el medio ambiente y beneficiosa para las personas.

Penguin Random House Grupo Editorial

Manifestación

Primera edición: octubre, 2025

Penguin Random House Grupo Editorial, S. A. de C. V.
Blvd. Miguel de Cervantes Saavedra núm. 301, 1er piso,
colonia Granada, alcaldía Miguel Hidalgo, C. P. 11520,
Ciudad de México

penguinlibros.com

ISBN: 978-607-386-511-1

Impreso en México – *Printed in Mexico*

A Daniel y a Andrea
Si hablamos del poder de la manifestación,
el mayor regalo que el Universo me dejó cocrear
con él es el de dar vida.
Mi gratitud total a nuestras almas
por este viaje compartido.
Los mega infinito.

Índice

INTRODUCCIÓN

De niña jamás imaginé que algún día llegaría a ser escritora y conductora de televisión, mucho menos a tener mis propias redes y un pódcast que llega hoy a más de ochenta países. Mi realidad era muy limitada y con poca manifestación en el mundo físico. En mi casa había lo necesario, comida y un techo seguro, pero no había lujos ni mayores expectativas que la de seguir el mismo camino que habían transitado mis ancestros: el de una vida llena de limitaciones. Asistí a primaria y a secundaria de gobierno porque no había dinero para pagar una escuela privada, pero mi padre era especial, podía decirme que no alcanzaba para unos jeans o para ir a un paseo, solo que cuando le pedía para comprar un libro, para eso siempre había.

Contrario a lo que podría suponerse, por ser escritora de telenovelas, de series y de libros de ficción y no ficción, mi ser no se encaminó en un principio a la lectura de grandes novelas, sino a la de libros dedicados al desarrollo humano y al despertar de consciencia, que en ese entonces eran muy criticados y vistos como literatura menor. Pero eso a mí no me importaba, porque en cuanto podía comprarlos, me los devoraba. De estas publicaciones adquirí grandes enseñanzas que, sin darme cuenta, comenzaron a permear en mi mente y me llevaron a manifestar la vida que deseaba, aunque en ese momento no era consciente del proceso.

A diferencia de las otras personas con las que crecí, mi vida se fue dirigiendo a una realidad distinta y con muchos más recursos internos y externos. De esa realidad llena de limitaciones económicas cree una vida confortable, en la que pude comprar mi propia casa. De esos sueños de viajar aunque fuera a las ciudades cercanas a la capital, he tenido la oportunidad de estar en cinco continentes. De ese ambiente familiar un tanto caótico y en ocasiones depresivo, generé uno armónico y amoroso. Pero ¿por qué fui capaz de hacerlo?, ¿por qué pude romper el círculo?, ¿por qué tomé otra dirección? Porque, sin ser consciente, comencé a aplicar leyes universales y principios del poder de manifestación que me llevaron a otro camino que el predestinado. Porque es un hecho que nosotros somos quienes manifestamos la vida que tenemos. Aunque hay cuestiones de destino que son innegables —como en dónde nacemos, cómo es nuestro cuerpo o quiénes forman parte de nuestra familia, etc.—, lo que hagamos con las circunstancias que nos rodean depende en gran parte de nosotros y de nuestra capacidad de *crear*.

Todos somos manifestadores por esencia, por ello es vital saber la manera en la que manifestamos, y hoy, gracias a la lectura de expertos en el tema —como Richard Bach, Richard Bandler, Wayne Dyer, Eckhart Tolle, Joe Dispenza, Tony Robbins, José Silva, Conny Méndez, Louise L. Hay, James R. Doty, Mel Robbins y un largo etcétera— y de la autobservación y comprensión de mi propia historia, he podido entender el proceso de manifestación y cómo, de manera subconsciente, fui generando mi propia realidad.

Así fue como, con el afán de que su hija "Tatis" abriera las alas, mi padre no escatimó en los gastos que generaban mis "extrañas" lecturas. Él fue quien me dio la posibilidad, desde temprana edad, de entrar en el conocimiento impartido por mentes visionarias que me permitieron que hoy yo pueda compartir contigo mi experiencia y conocimiento a través de este libro, en el que pondremos en acción el maravilloso poder de manifestación que tenemos los seres humanos.

Comencemos.

1
EL PODER DE LA MANIFESTACIÓN

Todos tenemos un ideal de lo que queremos en cada una de las áreas de nuestra vida. Lo soñamos, lo diseñamos, lo vemos, lo sentimos y, en ocasiones, hasta lo experimentamos, pero ¿por qué no lo estamos viviendo?, ¿por qué no es parte de nuestra realidad en el presente?, ¿por qué muchas veces vivimos tan alejados de eso que anhelamos?

¿Qué pensarías si te dijera que en tus manos está acercarte a esa vida que tanto quieres, que en ti está el poder para hacerlo, que en ti está la llave para crear eso que deseas y que solo tú puedes manifestar? Para ello hay un camino que recorrer en tu interior y activar en tu exterior, para después soltar y dejar que el Universo materialice la transformación creada *por ti*. Porque en el mundo de la manifestación: *el Universo y tú son cocreadores*.

¿Será "exactamente igual" tu vida futura a la que deseas hoy? Quizá te desanime mi respuesta, pero seguramente no lo sea... Pero ¡espera!, sigue leyendo. Lo que yo te puedo asegurar es que, si inicias este camino de metamorfosis, cuando termines este libro y hagas lo que a ti te corresponde, soltando el resto al Universo, tu vida será mucho mejor de lo que es ahora. Serás un mejor ser humano y, entonces, el ideal de vida que tienes en este momento se modificará y tendrás uno más real y abundante, lleno de paz, armonía y felicidad. Así que, si estás de acuerdo, iniciemos este viaje juntos. Vayamos paso a paso y descubramos el poder que hay en ti para *crear la vida que deseas*.

Como bien dicen: la oruga no necesita un milagro para poder volar, sino de un proceso.

Lancemos al Universo, a la Fuerza Creadora, a Dios, a la Energía, las siguientes preguntas cuánticas: ¿Quién tengo que SER y que tengo que HACER para tener la vida que deseo? ¿Qué *más* es posible para mí? ¿Qué nuevos *milagros* vamos a crear juntos?

Vamos, anímate, que esta vida está para vivirse con facilidad, gozo y alegría, a pesar de que a veces estamos convencidos de que la vida es un lugar lleno de miedo, angustia y ansiedad. Y créeme que este no es un libro del club de los optimistas, en el que nos ponemos los lentes color de rosa y maquillamos la realidad, ni uno en el cual te enseñaré a realizar una pócima para alcanzar lo deseado o atraerlo con solo decirlo y pegar imágenes en un pizarrón.

Yo sé que actualmente existen muchos libros que venden la idea del paraíso en siete pasos, que ofrecen fantasías que lo único que logran es que, al ver que las cosas no ocurren como las deseamos, sintamos una mayor desesperanza y desilusión. Yo misma transité muchas veces por esos estados anímicos al caer en teorías que creaban falsas expectativas. Así que mi apuesta contigo no es venderte ideas falsas, no es llevarte por un sendero cuya meta final sea la decepción o las ganas de dejar todo a medias, al contrario, este es un libro que te mostrará la fórmula de la manifestación de tus deseos a través de herramientas personales que te llevarán a transformarte en la mejor versión de ti mismo y a llevar a la realidad tus sueños al convertirte en un *manifestador consciente y divino*.

Hace algunos años salió a la luz "el secreto" de la manifestación, solamente que ese "secreto" no estaba completo, pues se requiere de mucho más que solo activar la "ley de la atracción", que afirma que los pensamientos positivos atraen resultados positivos y los negativos, resultados negativos. Y no es que esté mal, ya que es una ley universal, solo que hoy sabemos que, para activar la manifestación, se necesita mucho más que esto y ponerla en acción solo depende de ti. De ahí que yo afirme que ya no es más el *secreto* de la manifestación, sino el *poder* de la manifestación. Y este *está en ti*.

Porque sí existe una fórmula para crear lo que deseamos, un camino de acción específico, y yo lo voy a compartir contigo. Este libro tiene como intención cambiarte la vida y que te hagas consciente de tu propia magia y poder de creación.

En el libro *Un curso de milagros*, de Helen Schucman, se dice que un milagro no es algo que ocurre de la nada, sino que se da cuando tienes la capacidad de ver una situación desde otro punto de vista, desde otra perspectiva, porque eso te lleva al despertar de consciencia, y si quieres manifestar una nueva vida, no puedes hacerlo siendo y haciendo lo mismo que eres y haces hoy, sino que hay que ser y hacer cosas diferentes, empezando por activar tu poder de manifestador.

Solo que hay dos cosas que necesito de ti... bueno, de hecho, son tres:

1. La decisión de querer manifestar una vida distinta de la que tienes hoy.

2. El compromiso de ir llevando a cabo los pasos que este nuevo camino requiere, porque solo tú puedes hacerlo realidad.
3. Vivir este proceso con gozo y entusiasmo al entrar en este laberinto maravilloso que son nuestra mente y nuestras emociones, para ir descubriendo juntos la puerta de salida que nos lleve a ejercer con toda consciencia nuestra capacidad máxima de creación: nuestro poder de manifestación junto con nuestro Universo.

Suena bien, ¿no? ¿Qué dices? ¿Lo hacemos juntos? Somos creadores. Somos manifestadores.

¡Vamos! Es momento de encender tu poder creativo, de darle fuerza a tu chispa divina y de convertirte en luz para ti y para los demás.

Créeme, no se trata de generar un pensamiento mágico, sino de tomar una decisión en consciencia.

¡Tómala ahora!

¡BIENVENIDO A TU NUEVA VIDA!

2
HOY

Para poder manifestar una nueva vida y materializar nuestros sueños, primero debemos estar conscientes de la vida que tenemos hoy. De aquello que no nos gusta y que queremos crear diferente. Por tal motivo, te pido que realices las siguientes actividades antes de continuar con la lectura. Estas son muy importantes, pues echarás mano de ellas a lo largo del libro.

Actividad 1

Ve a una papelería o librería en la que vendan cuadernos y compra dos. Uno normal, de pocas hojas, y otro que te guste mucho. Puedes elegirlo de determinado color, textura, tamaño, con rayas, cuadrícula o blanco. Esto tiene como objetivo poner tu mente en foco y empezar a crear la intención de hacer algo distinto. Este cuaderno es muy importante, pues será el testigo de tu manifestación. No tomes el que tienes en el cajón o al que le sobran unas hojas. Date el gusto de empezar uno nuevo y también compra las plumas, plumones o colores que desees usar. Mi cuaderno es color naranja, de rayas, de doscientas hojas, y amo escribir con plumones de gel de colores, pero es importante que te des la oportunidad de contactar contigo mismo y lo elijas con toda la ilusión de empezar algo nuevo. Si prefieres diseñarlo, hazlo; puedes hacerlo con papel reciclado, encuadernarlo y usar pluma fuente u optar por uno totalmente blanco y usar lápiz. Escógelo con base en tus gustos.

Una vez que los tengas, escribe en los dos tu nombre en la portada o como te gusta que te digan.

Actividad 2

Esta actividad será la base de cualquier actividad futura. Es importante que pienses en ella como un regalo solo para ti.

1. *Encuentra tu lugar*. Busca un espacio en tu casa, en un parque, en una cafetería, un lugar donde vas a estar teniendo citas contigo mismo. Busca un lugar tranquilo e íntimo. A ese espacio le darás la intención de estar en él cuando tengas que hacer una actividad que te lleve a conectar con tu interior. Elige la hora que sea perfecta para ti. Si en tu casa hay mucha gente, levántate temprano si eres una persona mañanera, o espera que todos se hayan dormido si eres noctámbulo. De hecho, como lo veremos más adelante, el momento ideal para hacerlo es justo al despertar o antes de dormir. Con todo el "parloteo" mental que existe durante nuestras labores normales, es mejor hacer cualquier ejercicio de este libro en un momento y espacio en los que puedas bajar tus revoluciones.
2. *Honra el momento*. Usa ropa cómoda y, dependiendo de la hora del día, prepárate un té, café, o sírvete un vino o tequila. Si eres de olores, pon un incienso o prende una vela. Esto sirve para irle dando dirección a tu mente. Haz tu propio ritual y deja a un lado el celular o cualquier otro dispositivo que pueda distraerte.
3. *Respira y relájate*. Después siéntate en tu nuevo lugar favorito y comienza a sentir tu entorno. Percibe tu cuerpo,

ve revisándolo desde los pies a la cabeza y, en donde sientas tensión, empieza a relajarlo. Acompaña este instante de respiraciones pausadas y profundas. Inhala el mayor aire posible y luego exhala suave y lentamente. Hazlo al menos ocho veces hasta que logres centrarte en el aquí y el ahora.

Actividad 3

Una vez que estés en tu lugar especial, que hayas encontrado tu espacio y tiempo, que te hayas relajado y respirado con calma, podemos empezar.

- Quiero que, con los ojos cerrados, traigas a tu mente cómo es tu vida hoy, poniendo énfasis en lo que no te gusta, lo que te molesta, lo que desearías cambiar, lo frustrado que estás ante una situación, ese sentimiento que te aplasta y que no te deja caminar; esas palabras negativas que constantemente te dices cuando no te sientes suficiente, las dudas sobre ti y sobre lo que te rodea. En pocas palabras, observa toda esa mierda que traes adentro y que quisieras cambiar. Después date unos segundos, respira, abre los ojos y pasa al siguiente paso.
- Es momento de tomar el primer cuaderno, el normal, y escribir todo eso que pensaste y sentiste en el punto anterior. Escribe con el mayor detalle posible como es tu vida hoy. Que quede constancia de tu presente. No te preocupes si está bien escrito, si hay faltas o no de ortografía. Déjate ir y describe todo aquello en donde no te sientes satisfecho o quisieras que tu vida fuera diferente. Escribe el área en la que te sientes carente o te hace falta algo y deseas manifestar de manera distinta. Tómate el tiempo y los días que necesites para hacer esta actividad. Es probable que dos días después puedas decir: "¡Ay, se

me olvido poner que...!". Y, sobre todo, sé muy sincero en la forma en la que te hablas. Por ejemplo: "Soy un estúpido, no me di cuenta que ella me engañaba y mi vida sentimental es un desastre", "Por idiota, no me dieron el aumento y odio mi trabajo", "No tolero a mi marido, es un imbécil que no me valora". No debe haber ningún tipo de censura. Si te preocupa que alguien lo pueda leer, pon en la portada: "No leer", o esconde tu cuaderno cuando no lo estés usando. Aquí debes ser total y brutalmente honesto.

- Cuando hayas terminado, escribe: "Esta es la realidad que he manifestado hasta el día de hoy". Y después pon tu nombre y fecha, y fírmalo.

¿Listo? ¡Iniciemos!

3
MANIFESTACIÓN

¿QUÉ ES LA MANIFESTACIÓN?

En este libro manifestar es el proceso de hacer que nuestros deseos, ideas e intenciones cobren vida en el mundo físico al cocrear con el Universo nuestra realidad, mientras vibramos en pensamientos y emociones de alta frecuencia y realizamos acciones inspiradoras e intencionadas.

La manifestación es un proceso. No existe una varita mágica o la lámpara del genio de Aladino que cambie la realidad a nuestro antojo de un segundo a otro. Hay un camino que recorrer y existen elementos esenciales que entran en juego y que tenemos que ir conociendo y experimentando para transitarla con éxito.

Si yo te pregunto en este momento: ¿cuáles son tus sueños?, ¿cuáles son tus deseos?, ¿cuál es tu vida ideal?, seguramente comenzarás a enumerar una serie de anhelos que aparecerán de manera desordenada en tu mente: un mejor sueldo, una pareja, comprar una casa, unas vacaciones por Asia, tener una cifra de más de seis ceros en el banco, etc. Te irás a la respuesta clásica de "salud, dinero y amor" o simplemente dirás "felicidad y armonía". Y no es que algunas de estas respuestas estén mal, porque en el mundo de los sueños y los deseos todo es válido, aunque lo más importante es tener claridad y precisión sobre aquello que anhelamos.

Nuestro cerebro recibe millones de bits, que es la unidad mínima de información, por segundo, lo cual es una verdadera locura. La sobrestimulación que recibimos constantemente hace muy difícil para nosotros lograr concentrarnos por grandes periodos de tiempo y hace imposible que logremos procesar y asimilar toda esta información. Nuestros cinco sentidos están constantemente activos y nos llenan de estímulos y de sensaciones. Además a nuestra mente le encanta andar viajando del pasado al presente, del presente al futuro, del futuro al pasado y, la mayoría de las veces, cuando vamos al pasado sentimos culpa, miedo, tristeza por no poder modificar aquello que nos preocupa o acongoja. Y cuando vamos al futuro, sentimos mucha ansiedad porque no podemos tener control sobre lo que sucederá y la incertidumbre nos agota, haciendo que nuestras emociones estén en una verdadera montaña rusa.

En esta vorágine de constante estimulación y emociones, nos acostumbramos a vivir hacia afuera y ponemos poca atención a lo que pasa en nuestro interior a lo que pensamos, sentimos, hablamos y hacemos, y lo que en verdad deseamos desde el corazón. Y aquí juega un papel muy importante nuestro subconsciente, ya que le dejamos a él el mando de nuestra vida, sin reparar en sus acciones, sin darnos un segundo para cuestionarlo y, la mayoría de las veces, sin ni siquiera voltear a verlo.

EL SUBCONSCIENTE Y LOS TRES NIVELES DE LA MENTE

Pero ¿qué es el subconsciente? Nuestra mente tiene tres niveles:

1. Consciencia: es la capacidad que tenemos de darnos cuenta de nuestra existencia y de lo que nos rodea. Es nuestra capacidad de percibir, pensar, sentir y movernos a voluntad.
2. Subconsciente: es en donde se encuentran los procesos mentales que están por debajo de la consciencia. A estos no los percibimos, pero se manifiestan en nuestro día a día y determinan nuestra forma de actuar al hacer mecánicas nuestras habilidades, al crear memorias y tomar decisiones sin que nuestra voluntad participe. En él está lo que suprimimos, nuestras creencias limitantes y condicionamientos. Es por medio de la introspección, autobservación y algunas terapias que podemos acceder a él y sacar su información a la superficie.
3. Inconsciente: es el nivel más profundo y oculto de la mente. Ahí están los deseos, los conflictos internos, las memorias, las emociones y los traumas que reprimimos, a los que solo contactamos por medio de la interpretación de los sueños, de actos fallidos, de hipnosis, de terapia profunda y, en ocasiones, por medio de la meditación. En él se encuentran experiencias que quizá nunca podamos revivir debido a su esencia perturbadora y dolorosa.

Tanto el subconsciente como el inconsciente afectan nuestra vida consciente, pero en distintos niveles de profundidad. Se dice que nuestra mente es como un iceberg, en donde solo la punta de la gran masa del bloque de hielo está en la superficie, es decir, nuestra parte consciente representa el cinco por ciento y el resto, el subconsciente e inconsciente, ocupa el noventa y cinco por ciento. ¿Te imaginas el gran potencial que existe en ese noventa y cinco por ciento?

Pero ¿de qué nos sirve saber esto?

De darnos cuenta del gran poder que tenemos de modificar nuestra realidad si nos enfocamos en sacar a la luz el subconsciente, que es el que, en gran medida, nos ha llevado a crear la vida que hoy tenemos, solo que lo ha hecho sin darnos cuenta. Este controla nuestra vida desde la sombra, y cuando lo iluminamos y lo llevamos a la consciencia, podemos generar cambios y crear nuevas huellas neuronales que nos permitan crear una vida más satisfactoria. Se trata de hacer que nuestro subconsciente trabaje a nuestro favor, no en contra.

En el subconsciente está el terreno fértil para la manifestación. Y la mejor manera para acceder a él es cuando nuestro cerebro emite ondas cerebrales de menor frecuencia. Las neuronas se comunican entre sí y lo hacen a través de ondas que se clasifican según su frecuencia. Las que benefician la entrada son las ondas alfa, que surgen cuando estamos relajados, en una siesta ligera, meditando, en descanso o en el espacio ideal que creaste, mientras que las ondas theta se dan en relajación profunda, en meditaciones *mindfulness*, sueño lúcido, cuando se está a punto de despertar o cuando nos estamos quedando dormidos en nuestra cama.

Es en estos momentos cuando el cerebro es más sugestionable y receptivo y cuando tenemos el mayor potencial de ejercer un cambio, o de estimular lo ya manifestado, y es importante que lo sepas, porque, como te comentaba, con el acelere de la vida, es muy complicado conectar con nosotros mismos, por lo que tenemos que darnos el espacio y tiempo para hacerlo.

Porque "tú y yo ya somos manifestadores". Nosotros siempre estamos manifestando, de manera consciente, subconsciente o inconsciente, positiva o negativa, activa o pasiva y lo hacemos de manera natural, sin estar al tanto de ello. En este mismo momento estás manifestando y siempre lo has hecho al dirigir tus pensamientos y energía hacia lo que deseas o no deseas seguir viviendo. En efecto, tú has creado, en un gran porcentaje, la vida que hoy tienes. Y puede ser que en este instante te enojes conmigo y me digas: ¿cómo me dices eso? ¿Tú crees que yo voy a crear mi escasez? ¿Mi falta de salud? ¿El estar enfrentando un divorcio? ¿El no tener trabajo? Pero, por favor, ¡sigue leyendo!

Antes de decirte cómo "darle la vuelta a la tortilla", necesito que compartamos aún más información y que más adelante realices algunas actividades. Confía en el proceso, valdrá la pena.

Lo negativo que te sucede en la actualidad no te llega por casualidad. No es que alguien y el mismo Universo quieran joderte y estén en contra de ti para aplastarte y hacerte una mala jugada. Es importante que te hagas consciente y responsable de que tú estás tomando decisiones a cada instante y que cada decisión que tomas te conduce a un lugar distinto y ahí está justo el problema, ya que la mayoría de estas decisiones las has estado tomando desde tu parte subconsciente e inconsciente. Así que es vital prestarle atención a nuestra mente porque "nuestros pensamientos crean nuestra realidad" y, por tanto, justo ahí, es en donde está la semilla del cambio.

Se dice que nuestra mente es mágica y en verdad lo es. Y si la llenamos de pensamientos fatalistas, de profecías negativas, de ideas que nos provocan estrés, ansiedad y miedo, ¿qué escenarios crees que nos va a estar presentando? Justo los que reafirmen estos pensamientos. Pero ¿qué sucede si nuestro pensamiento está enfocado en ver las posibilidades y las oportunidades que existen para nosotros? Ahí la realidad nos estará mostrando el camino para manifestar lo que tanto deseamos. Así, pues, no sigas viviendo en automático. Toma el control de tu vida ahora mismo, porque hay una ley universal muy importante: la ley de la vibración.

En tanto que todo lo que existe es energía, incluyéndonos a ti y a mí, tenemos que aprender a vibrar en la misma frecuencia de aquello que anhelamos para tenerlo en nuestra vida, porque "lo que vibra igual se atrae".

Pero ¿cómo logramos vibrar más alto y hacer *match* con eso que deseamos? Nuestra mente y nuestras emociones juegan en ello un papel primordial.

Empecemos por nuestra mente. Esta tiene el poder de cambiar nuestras vidas, pero se requiere *1)* tomar la decisión de querer hacerlo y *2)* una intención clara del nuevo rumbo que queremos crear. Nadie llega a un nuevo lugar si no sabe qué dirección tomar, si no sabe a dónde dirigirse. Y si bien el destino y el Universo juegan un papel muy importante en la manifestación —y en eso profundizaremos más adelante—, para lograr el éxito en la realización del cambio, del *up grade* que deseamos, debemos saber que el primer paso nos corresponde darlo a nosotros.

Es importante estar conscientes de que solo tenemos control de lo que pensamos, sentimos, hacemos y decimos nosotros mismos, pero no de lo que piensan, sienten, hacen y dicen los demás. No podemos ejercer ningún control sobre los otros ni podemos "obligarlos" a pensar, sentir, hacer o decir lo que deseamos, ni tampoco podemos controlar las circunstancias que nos rodean ni las que nos toca experimentar por destino. Así que nuestro ámbito de manifestación se suscribe a nuestro propio mundo. Y saberlo nos conduce al punto de partida del cambio.

Somos producto de una sociedad en la que se nos dijo que una fuerza externa era la que determinaba nuestra vida, que un ser superior era el rector y juez de cada uno de nuestros actos y esto influyó para que "abandonáramos" nuestro poder manifestador al dejarle toda la chamba al creador. Finalmente él proveerá, se decía. Pero también existen dos frases de sabiduría popular que dicen: "Al que madruga, Dios lo ayuda" y "A Dios rogando y con el mazo dando", lo que implica que está bien si crees y confías en Dios, Buda, la Fuente, la energía pura, el Universo o el nombre que desees darle a esa Fuerza Creadora que está más allá de nosotros, pero el primer paso te corresponde solo a ti.

También se nos dijo que infancia es destino. En pocas palabras: si ya nacimos en determinadas circunstancias, nos toca jodernos el resto de nuestra vida y tendremos que seguir el camino trazado por nuestro destino y marcado por otros. Pero si bien, como ya lo mencionamos, existen fuerzas externas a nosotros que son incontrolables —nacer en un país, tener cierta familia, tener cierto color de piel, ser víctima de una agresión o nacer con una enfermedad incurable—, hoy sabemos que nacemos en un mundo que también nos presenta innumerables opciones y posibilidades y que dependerá de nosotros cómo lo vivimos y lo enfrentamos. Bien dicen que no es lo que vivimos, sino cómo lo interpretamos. Es importante ver cómo personas que enfrentan circunstancias extremas similares —una guerra, una enfermedad, una violación, un despojo, una quiebra o la muerte de un ser querido— las viven completamente diferente. Hay quien, ante un revés del destino, se hunde por años en una depresión, en el dolor y la tristeza, mientras que otras, después de un tiempo de asimilar la dura experiencia, logran trascenderla y no solo eso, sino que son capaces de sacar provecho de ella, abstrayendo el aprendizaje y logrando una mejor vida después de la experiencia por difícil que haya sido.

En términos generales, en la época actual estamos sumergidos en un ambiente lleno de problemas, conflictos y estrés que solo nos generan mayor ansiedad y depresión. Nos acostumbramos a vivir una vida insatisfactoria que nos provoca niveles muy altos de cortisol, que cada día afecta más nuestro cuerpo y nuestra mente y que tiende, de manera automática, a conducirnos a pensamientos negativos y catastróficos. Prácticamente el ochenta por ciento de ellos tienen esta carga y así nos habituamos a existir, llenos de miedo y angustia, al estar expuestos a un mundo que percibimos e interpretamos como negativo y caótico y que hace que nuestro corazón este constantemente acelerado y nuestra respiración agitada.

Esto es importante porque “en donde está nuestra atención, está nuestra energía”, y “en donde está nuestra energía, *eso* a lo que se la damos se expande”. Por ello es muy fácil caer en un círculo vicioso de pensamiento cuando ponemos nuestra atención en aquello que nos agobia, en los problemas que nos causan ansiedad y en el caos que nos mantiene en estrés. ¿No te ha pasado que a veces hasta te enojas y, desesperado, le pides a tu cabeza que deje de pensar en lo mismo?

¡Peeero!, si cambiamos nuestro foco de atención, si nos autobservamos cuando estamos en negatividad, estrés, angustia, miedo o tristeza; si paramos nuestra mente cada vez que empieza con pensamientos obsesivos, negativos, catastróficos o desvalorizantes, tendremos la capacidad de materializar una vida mucho más sana y armónica.

Por fortuna, nuestra mente puede ayudarnos a hacer el cambio y la neuroplasticidad es nuestra gran aliada. Ya que a medida que activamos formas de pensamiento positivo, que generamos emociones de alta frecuencia y redireccionamos nuestra atención, se crean cambios estructurales y funcionales en nuestro cerebro que establecen nuevas redes neuronales que nos permiten adquirir habilidades y puntos de vista que no teníamos para hacer cambios trascendentales.

Son los pequeños cambios los que nos llevan a una gran transformación. Como primer paso debemos dejar de ver hacia afuera para voltear nuestra mirada hacia adentro, dejar de sentirnos víctimas de las circunstancias, dejar de quejarnos por la vida que nos tocó vivir, dejar de decir "pobre de mí, porque estoy atrapado en esta realidad", porque el que se queja... apesta. Y hay veces que nos seguimos quejando porque, desde nuestro punto de vista, "nos hicieron", "nos abandonaron" o "nos quitaron" por semanas, meses, años. Traemos la misma cantaleta en nuestra mente día y noche y volvemos a experimentar una y otra vez los mismos sentimientos de esa primera vez que algo ocurrió, dejando que ese estado de ánimo impacte en nuestro cuerpo de manera constante, y no solo eso, sino que seguimos generando la misma realidad todo el tiempo como si no hubiera escapatoria.

Por tal razón, es imperativo salir del victimismo que sentimos ante una realidad que nos abruma y que nos tiene ansiosos, llenos de miedo e insatisfacción. Es momento de dejar de ponernos como el principal obstáculo de la vida que deseamos y liberar esas cadenas que no nos dejan manifestar.

No podemos generar un cambio profundo desde el exterior si no cambiamos nuestro interior. Podemos ir y hacer una transformación de imagen, terminar una relación tóxica, cambiarnos de trabajo y esto, por supuesto, modificará lo que estamos viviendo, pero este cambio solo será temporal, al poco tiempo volveremos a caer en los mismos patrones que nos llevaron a manifestar la vida que no queríamos. Fracasamos en realizar nuestros sueños porque los queremos materializar desde quienes somos hoy, desde esta vida que venimos arrastrando y que no nos da paz, desde este miedo que a veces nos paraliza cuando vemos que no nos alcanza el dinero, que tenemos una pésima relación con nuestra pareja o con nuestros hijos, o, desde nuestra profunda tristeza, que no nos da ánimo de hacer nada al sentirnos solos.

Y si este es tu caso y te sientes atrapado en una vida que no deseas, es momento de salirte de ella, de abandonar el papel de víctima, que lo único que hace es dejarte preso en el mismo lugar, para aventurarte y adentrarte junto conmigo en otra perspectiva que te puede retar, que puede hacerte sentir incómodo, que puede crearte incertidumbre, pero que te llevará a manifestar una vida más plena y atraer a tu vida el cambio que tanto deseas.

Este cambio puede causar incomodidad al inicio. Es más fácil quedarnos en nuestra zona de confort, porque muchas veces decimos que queremos cambiar, pero no nos movemos ni hacemos nada al respecto, y así es imposible generar una nueva realidad.

Me encontré en internet unos versos que describen a la perfección lo que genera no atrevernos a cambiar:

Si nada incomoda, nada pasa.
Si nada pasa, nada cambia.
Si nada cambia, nada crece.
Si nada crece, nada brilla.
Pero...
Si algo incomoda, algo pasa.
Si algo pasa, algo cambia.
Si algo cambia, algo crece.
Si algo crece, algo nuevo brilla.

Atravesar la incomodidad que genera el cambio nos lleva a mundos nuevos y a estados emocionales y físicos de gran valía. Transitarla vale la pena. Encontrar un mayor brillo en nosotros es el mejor regalo que podemos darnos. Abracemos el cambio y dejemos que su bendición oculta nos invada.

NIVELES DE LA MANIFESTACIÓN

Existen tres niveles de manifestación:

1. *Manifestación actual.* Lo bueno y malo que hemos manifestado hasta el día de hoy sin estar conscientes de nuestro poder creador.
2. *Manifestación consciente.* Es la materialización intencionada y creativa que se realiza desde nuestra mejor versión, teniendo alineados nuestro pensar, sentir y actuar con base en nuestro "yo del futuro".
3. *Manifestación divina.* La que realizamos desde nuestra mejor versión en cocreación con el Universo.

Manifestación actual

Una buena manera de saber la calidad de la manifestación que hemos creado hasta este momento es preguntarnos:

- ¿Qué tanto me gusto?
- ¿Qué tan feliz o infeliz me siento conmigo y con mi vida?
- ¿Cuáles son mis emociones más frecuentes?
- ¿Qué tanto disfruto?
- ¿Qué cambios me urge hacer?

Si alguna de estas preguntas te falta por contestar en la actividad sobre la vida que hoy tienes, regresa a tu primer cuaderno y hazlo, porque no existe límite para la manifestación. Del mismo modo, si estás contento con tu realidad, puedes ir por más, y si no lo estás, puedes cambiarla, y la manera de hacerlo es a través de los dos siguientes niveles:

Manifestación consciente

Nuestra mente es un imán y tiene el poder de manifestar. Todos nacimos con el don de hacerlo. Como ya vimos, ya lo estás haciendo, pero debemos aprender a dirigir nuestra intención para atraer aquello que deseamos y no solo lo que vamos encontrando y haciendo en el camino. Por tanto, debemos echarnos el clavado interior, entrar en las profundidades de nuestro subconsciente para eliminar creencias limitantes y condicionamientos que nos tienen atrapados y nos apartan de nuestros anhelos, para a partir de ahí, pensar, sentir y actuar en coherencia y consecuencia hasta lograr nuestros deseos a través de la creación y visualización de nuestro "yo del futuro".

Manifestación divina

Es la que hacemos en conjunto con el Universo, en donde reconocemos que somos parte de algo más grande que nosotros mismos y que existe una cocreación y un plan divino. Esta manifestación no se construye desde el hacer y el tener, sino desde el SER, es decir, debemos convertirnos en eso que tanto deseamos para vibrar en la misma frecuencia, y entonces sí activar la "ley de la atracción" y la "ley de la vibración" para adentrarnos en el campo de todas las posibilidades y ahí materializar nuestros sueños.

Ahora toca comprender de qué manera funciona el poder de la manifestación y ponerlo en práctica. Pero la decisión de acción es tuya. ¿Seguimos adelante?

4
DECISIÓN

A veces creemos que las cosas no pueden ser diferentes, que tenemos que sufrir, luchar y conformarnos con menos de lo que merecemos. Pensamos que si nuestra vida ya es así, ya no hay nada que hacer, pero la decisión que tomes en este momento de ejercer un cambio puede llevarte a un lugar interno y externo muy distinto en donde cabe la felicidad, el gozo, el amor y la abundancia.

Es hacer a un lado el papel de la víctima, es abandonar la búsqueda de culpables de nuestra "mala suerte", es atrevernos a abandonar la cárcel en la que nos metemos con pensamientos negativos y creencias limitantes. Créeme, tu vida puede ser diferente si lo deseas. Todo inicia con la decisión de querer hacer un cambio, porque los que se conforman con una vida insatisfactoria permanecen en un mismo círculo, pero los que generamos la vida que deseamos nos mantenemos en movimiento y vibrando alto.

Recuerda que nuestro mundo exterior es el reflejo de nuestro mundo interior y los cambios se inician en nosotros cuando estamos conscientes y podemos percibir nuevas realidades. No sueltes tu decisión del cambio y mantenla en el tiempo hasta que tu vida sea tal y como la deseas.

Durante este proceso puedes enfrentar resistencia y el deseo de mejor mantenerte en lo conocido, cuando esto se presente: sé consciente de ello, no lo juzgues, no te juzgues, revisa tus pensamientos y emociones todo el tiempo, observa el miedo y la oposición que hay detrás y que te impiden manifestar lo que tú deseas. Pregúntate: ¿qué ganas al estarte quedando en esa situación que no te gusta y en la que te sientes insatisfecho? ¿Qué ganancia oculta obtienes al no salirte de ella y moverte? Quizá recibes atención o con esa actitud alguien te resuelve la vida, puede haber muchas causas, pero te aseguro que ninguna te provoca felicidad. Una vez detectado el temor al cambio que hay detrás, no luches en su contra. Velo, obsérvalo, déjalo ir y retoma tu intención de manifestar la vida que deseas, así le quitarás fuerza cada vez que se presente y podrás abrirte al mundo de posibilidades en donde podrás materializar lo que sueñas.

Eres un ser libre que tiene la hermosa capacidad de elegir. El poder está en ti, ve por lo que quieres: *crea la vida que mereces.*

5
BRECHA

En todo proceso existe un punto desde el cual partimos, que llamaremos A, y otro al cual llegamos, que llamaremos B. A esto se le llama "brecha", que es el camino a transitar entre dos puntos para lograr un nuevo objetivo.

Tú ya tienes claro cuál es tu punto A y quedó testimonio de cómo es tu vida hoy en tu primer cuaderno. Ahora es importante saber con exactitud cuál es tu punto B, que estará formado por las áreas de tu vida que quieres mejorar o manifestar de manera diferente, y de esto quedará testimonio en tu cuaderno especial.

Con la idea de tener claridad a dónde quieres llegar, te pido que realices la siguiente actividad.

Actividad 4

Ve a tu espacio, date tu tiempo especial, respira y relájate. Toma tu primer cuaderno y lee con calma lo que escribiste sobre cómo es tu vida actual (punto A). Te pido que lo leas sin juicio. Sé compasivo contigo. No está bien ni está mal, simplemente es como tú crees y sientes que está tu vida hoy.

Ahora contesta: ¿Qué sientes y piensas al leer esto? ¿Quieres modificar o agregar algo? ¿Tachar o añadir otra cosa? Hazlo si es necesario. Es vital que te hagas consciente de tus palabras y de tu vida.

Nuestra mente tiende a repetir el camino aprendido una y otra vez. Como su principal función es la de la supervivencia, si estamos vivos, ella se siente bien. Su intención no es hacernos felices ni darnos tranquilidad y armonía, sino solo mantenernos con vida. Por lo que una manera de retarla es hacerle preguntas que la lleven a moverse de lugar, de las cuales habrá muchas en este libro.

Así que ahora, con el objetivo de descubrir el punto B al que hoy deseas llegar para manifestar todos tus deseos, necesitamos conocer con exactitud cuáles son estos.

Primero contesta en tu mente las siguientes preguntas:

- Si hoy tuviera una varita mágica que pudiera darme lo que más deseo ¿qué pediría?
- ¿Cuáles son mis más grandes deseos?
- ¿En qué áreas de mi vida me gustaría ver manifestada otra realidad?
- ¿Cómo me hace sentir la idea de ver materializados mis deseos?
- ¿Cómo imagino que será mi vida cuando cumpla mis deseos?

Ahora anota tus respuestas en tu cuaderno especial; déjate fluir y hazlo con el mayor detalle posible. Al principio será tu cabeza la que empiece a escribir, pero conforme te sea posible, pon tu atención en el corazón, concéntrate en su energía y desde ahí hazlo. Piensa y siente aquello que deseas. Déjate fluir y toma nota de qué sentimientos te acompañan cuando piensas en tu vida ideal.

Cuando termines, pon tu nombre, fecha y firma, y deja tu cuaderno en un lugar que te dé seguridad.

El punto A es "tu viejo yo" y el punto B es "tu nuevo yo del futuro" que ya está naciendo hoy. "Tu viejo yo" es la vida que hasta ahora has manifestado –y pronto comprenderás cómo lo has hecho– y "tu nuevo yo del futuro" es el que comenzará a materializar tus sueños en tu realidad.

6
LA FÓRMULA DE LA MANIFESTACIÓN

Antes de compartir contigo la fórmula de la manifestación, debo explicarte algo: creamos lo que creemos y atraemos a nuestra vida lo que somos, no lo que queremos, lo cual es muy importante a tener en cuenta para poder entender por qué no estás manifestando la vida que deseas.

Nosotros creamos nuestra realidad con nuestra mente. Lo que vemos en el mundo exterior es una proyección de nuestros pensamientos, emociones y acciones. Mi vida es un reflejo de lo que habita dentro de mí.

Si yo creo que la vida es amenazante, un valle de lágrimas o un mundo hostil, así la veré y la experimentaré. Por medio de la percepción selectiva que explicaré más adelante, mi mente me llevará a confirmar que tengo toda la razón y que así es la vida. No tendré ninguna duda de ello. Si, por el contrario, yo creo que la vida es amable, amorosa y llena de oportunidades, mediante de la percepción selectiva mi mente me llevará a experimentarla de esa forma.

Da igual si veo la vida de manera positiva o negativa, el proceso es el mismo. Mi sesgo de confirmación dará veracidad a mi forma de interpretar mi realidad. Ante esto, mi familia está acostumbrada a decir "cada cabeza".

Por medio de mis pensamientos, emociones y acciones que se generan en mi interior escribo el guion de mi vida y mi mente lo proyecta al exterior generando una película que vivo como mi realidad. Ante esto te preguntarás: ¿por qué, entonces, no escribimos la película de nuestra vida ganadora de todos los premios? Pero sobre las limitaciones que nos impiden hacerlo hablaremos más adelante.

Por ahora, valga decir que escribimos la película para lo que nos alcanza con base en nuestros pensamientos, emociones y acciones, aunque siempre existe la posibilidad de escribir algo diferente, de crear un guion distinto y, por tanto, generar un tipo de vida mejor.

El primer paso es tomar la decisión del cambio. El segundo es aprender a autobservarnos para poder ver cuál es la película que hemos creado hasta este momento —o sea, el punto A que ya escribiste en tu primer cuaderno— y encontrar el camino para crear una distinta y dejar de identificarnos con el personaje que hasta este momento hemos encarnado.

Para escribir una nueva historia y crear una nueva realidad, la base está en nosotros mismos, en la calidad y frecuencia de nuestros pensamientos, emociones y acciones.

Ahora que ya estamos conscientes de que deseamos una nueva manifestación, debemos enseñarle a nuestra mente que el cambio no solo es una posibilidad, sino que también es una realidad, aunque esta aún no exista. Este sí es el verdadero "secreto" de la manifestación. No debemos esperar a que nuestro deseo se manifieste, sino que debemos darlo por manifestado, agradeciendo por el deseo ya cumplido al tener la certeza de que el cambio ya se generó, para que este comience a proyectarse en nuestra realidad, aunque con los cinco sentidos no podamos constatarlo.

Suena a locura, pero no lo es. Es aprender a vivir nuestro "yo del futuro" en tiempo presente, para que nuestro cerebro comience a buscar la manera de comprobar en la realidad que lo que pensamos y sentimos es verdad. Es adentrarnos al segundo nivel de la manifestación: la manifestación consciente.

¿Suena complicado? Puede ser... pero iremos paso a paso hasta comprender cómo podemos convertirnos en alguien diferente y así crear una vida diferente. No es aparentar ser otro, sino tener la intención consciente de ser otro hasta materializarlo. Debemos tener presente que nuestro cerebro tiene la capacidad de la neuroplasticidad, es decir, de organizar, cambiar y adaptarse a nuevas experiencias y aprendizajes, así que todos podemos hacerlo. Y al regalarle a nuestra mente y cuerpo las imágenes y las emociones que vive nuestro "yo del futuro", creamos nuevos caminos neuronales que nos acercan a la manifestación de nuestra nueva realidad.

Ahora sí llegó el momento de hablar de la fórmula de la manifestación en función de sus tres niveles y de los cinco elementos que la conforman. Existen tres niveles de manifestación y, por tanto, cada nivel tiene una fórmula. Dependiendo del proceso de manifestación que queramos crear, se utilizan elementos esenciales distintos o iguales.

FÓRMULA DE LA MANIFESTACIÓN ACTUAL

Es lo bueno y malo que hemos manifestado hasta el día de hoy sin estar conscientes de nuestro poder creador.

Su fórmula está basada en nuestro pasado y entra en juego el subconsciente en toda su expresión y sin ningún límite:

$P^{+/-} + E^{+/-} + A^{+/-}$

(Pensamientos positivos/negativos + Emociones de alta/baja frecuencia + Acciones positivas/negativas)

Cuando el subconsciente es el dueño de nuestros pensamientos, emociones y acciones, estos se activan de manera automática, manifestándose a veces de manera positiva o negativa al estar basados en un pasado que nos condiciona y que crea una realidad que está alejada de nuestro ideal y que proyecta un futuro similar a lo vivido hasta hoy.

FÓRMULA DE LA MANIFESTACIÓN CONSCIENTE

Es la materialización intencionada y creativa que se realiza desde nuestra mejor versión como seres humanos y en la que tenemos alineados nuestro pensar, sentir y actuar.

Su fórmula está basada en mi "yo del presente" y mi "yo del futuro" y entra en juego la mente consciente:

$P^{+} + E^{+} + E + A^{+}$

(Pensamiento positivo + Emoción de alta frecuencia + Envisión + Acciones positivas)

A partir de nuestra mente consciente y de la alineación de nuestro pensamiento, emociones y acciones positivas, emitimos una frecuencia que nos conduce a vibrar alto y a hacer *match* con eso que deseamos para atraerlo a nuestra vida.

Al encarnar a nuestro "yo del futuro", permitimos a nuestro ser vivir la emoción y el efecto del deseo cumplido, que sirve como semilla al "yo del presente" para causar en la realidad la manifestación deseada.

FÓRMULA DE LA MANIFESTACIÓN DIVINA

Es la que realizamos desde nuestra mejor versión en cocreación con el Universo. Nuestra mente consciente activa su conexión con la fuente creadora, en donde lo imposible se hace posible y lo intangible se vuelve visible en los tiempos, los cómos y los resultados creados por el Universo.

$$P^{+} + E^{+} + E + A^{+} + U$$

(Pensamiento positivo + Emoción de alta frecuencia + Envisión + Acciones positivas + Universo)

En este nivel de manifestación se alinean nuestros pensamientos positivos con nuestras emociones de alta frecuencia y acciones positivas, permitiendo que las leyes del Universo se activen y enciendan la sincronicidad que nos lleva a la materialización de nuestros deseos en cocreación con el Universo.

ELEMENTOS ESENCIALES DE LOS TRES NIVELES DE MANIFESTACIÓN

Los elementos esenciales de las fórmulas de la manifestación se combinan de manera distinta, según sea el nivel que deseamos experimentar. Por tal motivo, debemos adentrarnos y conocer la naturaleza de cada uno para activar la manifestación —actual, consciente y divina— según lo deseemos:

- Pensamiento
- Emoción
- Envisión
- Acción
- Universo

7
PENSAMIENTO

¿Qué es el pensamiento? El pensamiento es el lenguaje de la mente y es el primer elemento de la manifestación. Es la semilla de donde parte todo. Y cuando digo todo, es todo. Modificar nuestra manera de pensar cambia nuestra realidad. Reprogramar nuestra mente transforma nuestra vida.

En el proceso mental participan cinco aspectos muy importantes para la manifestación:

1. *Atención*: la capacidad para seleccionar y concentrarse en estímulos relevantes dándole prioridad sobre todo lo demás. Recuerda que donde está tu atención está tu energía.
2. *Percepción*: la capacidad de formar una imagen mental de los estímulos exteriores, la cual seleccionamos e interpretamos teniendo como base tanto nuestras creencias como nuestras experiencias.
3. *Pensamiento*: la capacidad de crear ideas y representaciones mentales del mundo real, vinculando unas con otras.
4. *Memoria*: la capacidad de codificar, almacenar y recuperar la información e interpretaciones del pasado.

5. *Lenguaje*: la capacidad para usar signos o palabras para expresar los pensamientos y comunicarnos.

Los pensamientos son energía y mantienen un flujo constante. Cada uno tiene su propia frecuencia y vibración, dependiendo si son positivos o negativos. La calidad de la vida que estamos viviendo depende en gran medida de la calidad de nuestros pensamientos. Los pensamientos positivos aumentan nuestra capacidad de crear y nos motivan al éxito, mientras que los negativos disminuyen nuestra capacidad de crear y alimentan la posibilidad de fracasar.

Nuestra mente puede meternos en el infierno o en el cielo, y créeme que esto no depende de las circunstancias que estemos viviendo, sino de la calidad de nuestros pensamientos y de cómo interpretemos nuestra realidad. Veremos el mundo de acuerdo con lo que creamos que es verdad o no. Esta es la razón por la que, ante una misma experiencia, dos personas pueden pensar de manera diametralmente opuesta.

Los pensamientos son poderosamente determinantes, de ahí la importancia de observarlos. Cuando creemos algo con total certeza podemos llegar a impactar nuestro cuerpo a tal grado que incluso podemos sanarlo basándonos tan solo en una creencia y sin recibir ningún medicamento. Un ejemplo de ello es el "efecto placebo", cuya premisa es que el cerebro puede engañar al cuerpo, que podrá autorregenerarse y curarse sin necesidad de un fármaco, tan solo con estar convencido de que lo está consumiendo. Se hicieron estudios en la Universidad de Harvard con personas enfermas a las que se les dijo que se les daría un medicamento cuando en realidad se les estaba administrando pastillas de azúcar.

Lo sorprendente es que estos individuos sanaron al cien por ciento, eliminando por completo todos los síntomas de su enfermedad. Fue tan efectiva la pastilla de azúcar como medicamento porque pensaron que era real. Un efecto similar a nivel emocional es cuando, por ejemplo, un amigo te dice que le gustas a alguien, y más allá de que sea cierto o falso, al acercarte a esa persona lo haces con mayor seguridad por el solo hecho de creer que le eres atractivo, mientras que si no te lo hubieran dicho, entablar una plática con la misma persona te hubiera llenado de nervios e inseguridad y, tal vez, ni siquiera lo hubieras intentado. De ahí que se afirme que: creamos lo que creemos.

Lo ideal sería estar todo el tiempo generando pensamientos positivos para mantenernos en una alta vibración energética, pero sin saberlo, estamos condicionados por nuestro subconsciente a estar creando pensamientos negativos prácticamente todo el día, que son los que nos sumergen de manera continua en una realidad que nos ahoga y aplasta. Entramos en una especie de *loop* en el que nos decimos casi las mismas cosas cientos de veces en un mismo día. Casi el noventa por ciento de nuestros pensamientos son repeticiones. Nos metemos en una especie de burbuja negra que no nos deja ver más allá de nuestra estresante realidad, de ahí que luego nos preguntamos: ¿por qué ando bajoneado?, ¿por qué no puedo dormir?, ¿por qué traigo taquicardia?, ¿por qué me duele la cabeza?, ¿por qué estoy pensando de manera obsesiva en lo mal que van las cosas? Poner nuestra atención en lo que no queremos solo lo refuerza, e incluso nos puede llevar a enfermar nuestro cuerpo o provocar una crisis emocional.

Nos es muy fácil caer en el modo automático o por *default* y repetirnos constantemente las historias que nos contamos y que damos como verdaderas, sin cuestionarlas ni verificarlas, porque si fuéramos conscientes del poder de nuestros pensamientos y de cómo estos crean nuestra realidad, no nos diríamos cosas como: no sirvo, no merezco, mis caminos están bloqueados, soy inútil o no atractivo.

De ahí que sea muy importante aprender a cambiar un pensamiento negativo por uno positivo, y el primer paso para hacerlo es la autobservación.

Tú no eres tus pensamientos, pero sí eres quien los piensa y tienes la capacidad de observarlos. Aprende a convertirte en un espectador de ti mismo, como si fuera "tu otro yo". Toma distancia de ti y presta atención a lo que pasa por tu cabeza. Aunque suena complicado, de manera natural ya lo has hecho. Cuando, por ejemplo, dices: "No dejo de pensar en tal cosa" o "He estado pensado que...". O date cuenta lo que pasa si te digo que pares de leer y enumeres los pensamientos que han sido recurrentes durante este día. Seguramente mencionarías los pendientes o urgencias que tienes que resolver como: "Mañana tengo que hacer tal cosa", "Chin, tengo que pagar la luz" o "Mi socio no me ha llamado". Aquí te conviertes en un observador de ti mismo.

Por otro lado, si en este momento te doy la indicación de que "no" pienses en un elefante color rosa con manchas moradas, te aseguro que, en cuanto te dije que "no" lo hicieras, lo hiciste, porque para la mente no existe la palabra "no"; para ella todo es un "sí". Por eso, cada vez que te dices: "No quiero más pobreza", "No puedo más con este trabajo" o "No quiero más esta relación tóxica", estás activando tu atención para que tu mente encuentre más escenarios en el mundo físico que te hagan vivir esa situación. Es como si lo pensaras dos veces. Como si en lugar de decir "no" estuvieras diciendo "sí".

Por tanto, cuando te habite un pensamiento negativo, como por ejemplo: "No me gusta mi cuerpo", "Hoy amanecí muy fea", "Estoy cada día más viejo", "Yo soy un estúpido", "El mundo es un asco", "Todo está en mi contra", obsérvalo, detenlo de inmediato y cámbialo por un pensamiento positivo.

Puedes cambiarlo conscientemente por cualquier pensamiento positivo, como por ejemplo: "Me gusta mi pelo", "Hoy amanecí en una cama limpia y caliente", "Hoy puedo moverme con facilidad", "Qué lindo está el día", "Mi café está delicioso", "Yo amo a mi perro". Lo importante es poner tu atención en otra cosa y salir de la negatividad. Si el pensamiento negativo es obsesivo, hay dos formas de contrarrestarlo: a través de la respiración y por medio de una actividad física. En cuanto detectes que estás en negatividad, centra tu atención en la respiración, pues esta te ayudará a salir de la mente y bajar al cuerpo. Después pon tu atención en cualquier cosa que esté a tu alrededor: una imagen, una textura, un color, un sonido, etc. Por otro lado, mover el cuerpo también nos saca de nuestros pensamientos: una pequeña caminata con la consciencia puesta en cada paso, escuchar música y bailar o hacer ejercicio. Lo importante es abandonar los pensamientos negativos que nos drenan y bajan nuestra frecuencia y, en cambio, estimular los positivos.

La única manera que tenemos de saber por qué no estamos manifestando lo que deseamos es volviéndonos expertos en nosotros mismos y en nuestros pensamientos. Somos rebuenos para sabernos la vida de los demás, el último chisme del espectáculo, opinar sobre la política de nuestro país o sobre el futbol, pero la "materia" más importante de nuestra vida somos nosotros mismos, y ahí es a donde tenemos que llegar, a la raíz, y la autobservación nos permite hacerlo.

CREENCIAS

Las creencias que tenemos son muy importantes, ya que con base en ellas dirigimos nuestra percepción e interpretamos y nos conducimos en el mundo.

Una creencia es algo que damos como verdadero, aunque no podamos comprobarlo. La damos por hecho porque alguien de nuestro alrededor la dijo y ese alguien es o era una autoridad para nosotros. Es una suposición arraigada que simplemente absorbimos sin cuestionar. Esta impronta mental la generó el padre, la madre, algún tío, una maestra, un *influencer*, un medio de comunicación o alguien que vemos con valía y cuya palabra tiene mucho peso. La primera vez que la escuchamos le pusimos tanta atención que la validamos como verdadera y comenzamos a repetírnosla tanto que la hicimos totalmente nuestra, y cuando hablo de totalmente nuestra, es porque la tatuamos en nuestra mente y la incorporamos como una absoluta e incuestionable verdad que se activa de manera automática.

Todas las creencias son aprendidas, no nacemos con ellas. Las vamos adquiriendo, reafirmando y reforzando a lo largo de nuestra vida prácticamente sin darnos cuenta, aunque la mayoría las introyectamos entre los cero a los siete años, para después almacenarlas en el subconsciente, que es desde donde operan y cobran fuerza.

Las creencias dan lugar a nuestro sentido de identidad, definen quiénes somos, conforman nuestra autopercepción y moldean las historias que nos contamos sobre nosotros mismos y lo que manifestamos, porque, como dijo Henry Ford: "Si crees que puedes, es verdad. Si crees que no puedes, también es verdad".

CREENCIAS EMPODERADORAS Y CREENCIAS LIMITANTES

Las creencias empoderadoras nos estimulan, solidifican nuestro amor propio y autoestima y son muy importantes en la manifestación consciente y divina, contrario a las creencias limitantes, que sabotean nuestro poder creador, ya que sin amor propio es complicado manifestar la vida que deseamos, pues nos conformamos con menos al no sentirnos merecedores de aquello que soñamos.

Es importante alimentar nuestro amor propio partiendo del principio de aceptación. No existe persona perfecta, todos tenemos cosas que trabajar, que superar, que alcanzar, pero debemos tratarnos con respeto, cariño y propiciar pensamientos positivos, más allá de los éxitos o fracasos (procesos de aprendizaje) que estemos experimentando. Debemos aceptarnos tal y como somos, sin juzgarnos, porque solo a partir de hacerlo, podemos enfocar nuestra mente para lograr mejorar y ejercer los cambios que necesitamos con entusiasmo.

Sentirnos bien con quienes somos, a pesar de nuestras imperfecciones, nos da salud mental, confianza, eleva nuestra autoestima y, al tener una percepción positiva sobre nosotros y sentirnos merecedores de eso que soñamos, nos motiva a hacernos responsables de nuestra vida y a ir por aquello que deseamos. Mientras que, cuando no es así, tendemos a maltratamos y a dejar que nuestros miedos, juicios e inseguridades nos saboteen.

Toda creencia empoderadora se expresa con el diálogo interno que tiene como esencia:

Yo soy
Yo valgo
Yo merezco

Una creencia empoderadora, con un buen diálogo interno, genera pensamientos como: "Yo soy inteligente", "Yo soy capaz", "Yo merezco respeto", "Yo soy valioso", "Yo soy un imán para el dinero", "Yo genero amor a mi paso", "Yo soy mi propia fuente de abundancia", "Yo soy una buena persona".

Nuestras creencias, además de darnos sentido de identidad, rigen nuestro actuar, y si alguna nos frena constantemente, es porque estamos ante una creencia limitante que debilita nuestros talentos, nulifica nuestra autoestima, deteriora nuestro amor propio y desvaloriza nuestras acciones. Son pensamientos que se transforman en bloqueos que nos impiden desarrollar nuestro mayor potencial.

Toda creencia limitante se expresa con el diálogo interno que tiene como esencia:

Yo no soy
Yo no valgo
Yo no merezco

Creencias limitantes son, por ejemplo, las frases: "Soy un estúpido", "Estoy hecha una cerda", "No sirvo para nada", "Soy una basura", "En esta vida cada quien tiene que ir cargando su cruz", "El dinero no se da en macetas", "Hijo de pobre, pobre será", "Todos los hombres son iguales", "El sufrimiento es parte de la vida", "Nunca seré alguien exitoso".

La mayoría de las creencias limitantes nos producen ansiedad, miedo, estrés, temor o angustia. Están creadas sobre una base falsa que es difícil de desarmar, con raíces tan fuertes en nuestro subconsciente que nos es complicado verlas y cuestionarlas, a menos de que, con toda intención, las llevemos a la consciencia para restarles fuerza y que dejen de regir nuestra vida.

Nuestra realidad refleja estas creencias y ellas condicionan la manera en la que actuamos, hablamos, sentimos, pensamos y manifestamos. Ahora te quedará más claro el porqué no estás materializando la vida ideal que deseas y sigues atrapado en la que has construido hasta ahora y que quedó reflejada en la actividad en la que escribiste sobre tu vida actual.

Nuestro ego, que es la percepción que tenemos de nosotros mismos, y cuya función es proteger nuestra identidad, está basado en estas creencias y a su parte negativa le encanta contarse historias rodeadas de drama y hacerse la víctima. Disfruta de culpar a los demás de lo que nos ocurre e impide que nos hagamos responsables de lo que nos pasa. Pero ahora que ya lo sabes te toca asumir la responsabilidad y echarte el clavado interno para desarmar las creencias limitantes que te tienen preso.

Ya que manifestamos en el mundo real aquello que creemos, si cambiamos lo que creemos, cambiará nuestra realidad y nuestra manifestación.

Nos convertimos en lo que pensamos la mayor parte del tiempo, así que debemos ponerle foco y cuidar nuestros pensamientos. La única manera de poder cambiarlos es cuando dejan de estar ocultos y mecánicos, cuando dejan de habitar el mundo del subconsciente y los traemos a la luz del consciente, cuando los ponemos en la superficie visible del iceberg.

El subconsciente está constantemente eligiendo los patrones de conducta que vamos a poner en acción. Lo hace por *default*, porque, como ya lo mencionamos, nuestra mente tiene como principal objetivo mantenernos con vida, así que para ella es más fácil hacerlo si ya conoce el camino, pues ahorra tiempo y energía. Pero cuando hacemos un cambio pierde el control, y al no poder predecir el futuro, se siente amenazada, por lo cual, como mecanismo de defensa, hará todo por mantenernos en el mismo carril: reforzando creencias limitantes y activando emociones —como el miedo, la ansiedad, el temor, la angustia o el estrés— para "obligarnos" a continuar en lo conocido. De ahí que trabajar en las historias que nos contamos, en nuestras creencias limitantes y en nuestra autodefinición, sea la manera óptima de crear un futuro diferente.

Hacernos conscientes de este mecanismo que sucede en nuestro interior es un gran paso para llegar a la manifestación. Identificar un bloqueo es un avance, pero eliminarlo es un gran logro, porque eso nos permite salir de nuestro círculo vicioso y comenzar a ver y crear una realidad distinta.

Pero ¿cómo lo hacemos?

DESPROGRAMACIÓN DE CREENCIAS LIMITANTES

Cuando tengas claro tu pensamiento limitante y la manera negativa en la que te hablas, es momento de dar el siguiente paso y desprogramar tus creencias limitantes.

Como ya sabes, nuestra mente puede generar resistencia al cambio, haciéndonos pensar que "más vale malo por conocido que bueno por conocer", lo que nos provoca inseguridad, desazón, o incluso un ataque de ansiedad ante la incertidumbre de una nueva realidad que percibimos más como un "peligro" al no saber cómo manejarla.

El solo estar consciente de esta resistencia nos ayuda a restarle fuerza, porque cuando podemos ver la creencia limitante que hay detrás de nuestras acciones, esta se vuelve como arena entre nuestras manos y deja de ser un punto ciego.

Por ello, después de detectarlas hay que sustituirlas por creencias empoderadoras y enseñarle a la mente que el cambio está bien y que nos sentimos cómodos con una nueva identidad que está naciendo y que está basada en lo que estamos siendo hoy.

Te comparto que toda mi vida me dije: "Yo soy muy torpe para las cuestiones físicas". Siempre era la que evitaba hacer senderismo, subirme a algo que requiriera equilibrio o implicara la práctica de deportes extremos, hasta que hace poco me di cuenta de que esto era algo que siempre me decía y que me había limitado a vivir experiencias increíbles. Darme cuenta me hizo frenar ese pensamiento y dejar de evitar tener este tipo de vivencias. Ahora no es que sea la más hábil —porque, por mi creencia limitante, no he desarrollado aún la habilidad que mi cuerpo necesita—, pero ya estoy trabajando en ello y me atrevo a hacer más cosas. Como bien dicen: paso a paso se llega Roma.

Así, pues, la manera de empezar a desprogramar tu mente es observar tu pensamiento, descubrir tus creencias limitantes y cambiarlas por creencias empoderadoras.

Observa tu pensamiento

Date una semana de autobservación. Checa cuáles son tus pensamientos negativos, tus creencias limitantes y tu diálogo interior desvalorizante. Ve qué es lo que te dices cuando nadie más está presente. Pon atención a lo que conversas con alguien, escúchate y pregúntate: ¿Eso que dije es realmente mío o es lo que creo a ciegas y que a veces repito como loro, sin ni siquiera cuestionarme si es verdad por estar parafraseando a alguien más? Hazlo sin emitir ningún juicio, ni criticarte.

Descubre tus creencias limitantes

Después de autobservarte, date un día especial. Vete a tu espacio, relájate y escribe en tu primer cuaderno con toda honestidad lo que se te reveló y después léelo. La intención de esta actividad es detectar aquello que te está limitando, esas creencias que no te dejan llegar a donde quieres. Observarlas te ayuda a cambiar las historias que te has estado contando sobre ti y sobre tu vida insatisfactoria.

Una vez que una creencia limitante está consciente, resta su impacto, deja de hacerse dueña de nosotros y provoca que comencemos a tener mayor control sobre nuestros pensamientos y, por ende, que podamos gestionar mejor nuestras emociones y nuestra realidad.

Cambia la creencia limitante por una creencia empoderadora

Hay diferentes formas de hacerlo:

Frena y sustituye

La mente solo puede pensar en una cosa a la vez, así que si la habita una creencia limitante, piensa en ella y la mantiene como su foco. Cuando tenemos la capacidad de observarla y detectarla, podemos, como un primer paso, frenarla y sustituirla. Es importante no dejar que siga impactando en nuestra vida y en nuestro cuerpo, y debemos cambiarla, en cuanto la "cachemos", por una creencia empoderadora:

- Pasar de "Soy un inútil" a "Soy una persona eficiente".
- Pasar de "Todos los hombres son iguales" a "Hay hombres generosos y amorosos".
- Pasar de "El mundo es un caos en el que vivo angustiado" a "el mundo es un lugar en el que vivo con armonía".

Puede ser que al principio te sientas un farsante al decirlo, que sientas que no va contigo, es lógico: te has estado repitiendo la creencia limitante quizá por años, pero síguelo haciendo. En inglés hay una frase muy poderosa: *Fake it until you make it*, que significa: "Fíngelo hasta que lo hagas una realidad". Y si pensar que tienes que fingirlo te incomoda, piensa que le estás regalando a tu mente una intención distinta y una nueva narrativa interna. Lo importante es hacerlo y repetirlo hasta que esto se convierta en una verdad para ti.

Se trata de SER, de convertirte, no de hacer o parecer, para que tu cerebro empiece a cambiar la relación que tiene contigo al ver que te amas, que te respetas, que confías en ti, y, así, comience a mostrarte otra realidad.

Nuestra identidad se crea en gran medida por aquello que nos decimos. Si, por ejemplo, siempre me he dicho que no soy buena para el ejercicio, que soy torpe y que con respirar engordo, ¿cómo crees que será mi realidad? Pero, si al estar consciente de cómo el pensamiento positivo moldea mi vida, opto por decirle a mi mente que el ejercicio es divertido, que hay deportes en los que sí soy hábil, que hay comida sana y rica, y comienzo a actuar con entusiasmo como si esto fuera real, ¿cuáles crees que serán mis posibilidades de éxito y de convertir mis pensamientos en una realidad?

¡Créeme, esto es posible! Solo tienes que revertir lo que has estado pensando y haciendo de manera automática e inconsciente.

No es fácil ni se da de un día para otro; se necesita paciencia y constancia. Y así como tu mente fue capaz de hacerte creer que no servías, que eres inútil y un donnadie mediante una creencia negativa, también tiene la habilidad de hacerte creer que eres un ser valioso y que tienes muchos talentos por medio de una creencia positiva, que más tarde puede llevarte a actuar en consecuencia y manifestar una mejor realidad para ti. Es enseñarle a desaprender un camino para aprender otro nuevo, es ir de lo negativo a lo positivo para crear un mejor lugar interno y externo, porque creamos lo que creemos.

Toda situación externa es creada por nuestro mundo interior para reafirmar eso que ya pensamos, creemos y sentimos de nosotros mismos. Por eso las circunstancias se convierten en una profecía autocumplida, dándonos la impresión de que lo que sucedió tiene poder sobre nosotros, cuando es al revés.

Por tanto, si yo creo que soy suficiente, crearé escenarios que lo ratifiquen: tendré un buen trabajo, estableceré una relación de pareja amorosa, tendré una vida satisfactoria. Pero si creo que no soy suficiente, crearé escenarios que lo ratifiquen: perderé clientes, no terminaré el trabajo, evitaré asumir nuevas responsabilidades y tendré una relación de pareja mediocre.

Sea cual sea el caso, ya sea una creencia empoderadora o limitante, esta va a crear escenarios en la realidad que la comprueban. Por tanto, es vital tomar consciencia de la historia que nos estamos contando, pues hay una historia mejor que crear.

Detecta el miedo

Otra forma de quitarle poder a una creencia limitante es descubriendo el miedo que esta esconde, que le da fuerza e impide el cambio. Podemos detectarlo mediante preguntas que hacen que nuestra mente salga de la zona de confort que nos está bloqueando y comience a ver nuevas posibilidades que le permitan crear un cambio.

Existen dos tipos de miedo: *real* e *imaginario*. El *miedo real* sucede en el presente ante un estímulo que sí existe y tiene como fin la sobrevivencia. Se activa ante una amenaza real, en donde nuestra vida física o emocional está en peligro: un temblor, el ataque de un animal, la agresión de alguien. Y ante él reaccionamos de manera inmediata e instintiva. El *miedo imaginario* es una especie de alarma que se enciende ante algo que consideramos un riesgo, aunque este no exista. Se siente real, pero no lo es, y lo más probable es que el pensamiento que lo motiva ni siquiera se materialice. Pone énfasis en lo malo y ante él reaccionamos con emociones de baja frecuencia que nos drenan y nos mantienen atrapados.

Una pregunta que nos puede llevar a rastrear el miedo imaginario que está detrás de la creencia limitante que impide la manifestación de la vida que deseamos es: si yo me convirtiera en la persona que deseo ser, ¿qué es lo más terrible que me podría pasar? Si la respuesta no llega de inmediato, continúa haciéndotela hasta que aparezca en tu mente, y cuando esto suceda, sabrás con claridad qué es lo que te ha estado obstaculizado. Te sorprenderá que el miedo que hay detrás de la limitación muchas veces carece de toda lógica.

Existe un miedo que es muy común en lo que se refiere a la manifestación: el miedo al éxito.

La mayoría de las personas desean el éxito, pero, por loco que parezca, hay quien lo evita porque le tiene miedo. Este está basado en un pensamiento negativo acerca de su valor, merecimiento y capacidades.

El miedo al éxito se vincula a *1)* la baja autoestima, que impide gozar del reconocimiento, del aplauso y de la mirada de los demás; *2)* al temor de ser rechazado, al no validar sus talentos y que alguien lo descubra siendo un impostor; *3)* al pánico de hacerse responsable de lo que el triunfo implica: cambio de hábitos, actividades, finanzas, imagen, etcétera.

Este temor puede llevar a una persona a boicotearse, a no hacer bien su trabajo, a tartamudear al hablar en público, a volverse invisible, a ser antisocial. Todas estas reacciones son a nivel subconsciente, porque a nivel consciente puede incluso afirmar que su mayor deseo es alcanzar el reconocimiento público y la abundancia económica. Pero no serán sino hasta que este miedo salga de la sombra y pueda verlo, que cambie su perspectiva y se dé cuenta de que es un ser valioso, con dones únicos que, si los trabaja, lo pueden llevar al éxito.

El miedo imaginario es una emoción con un gran poder y es base de muchas de nuestras creencias limitantes. Salir del laberinto en el que nos tiene atrapados es vital y descubrirlo nos permite trascenderlo. Bien dicen que el valiente no es quien no siente miedo, sino el que, a pesar de él, actúa. Una vez que lo vemos, podemos quitarle su fuerza.

Te comparto que, además de ser escritora, muchos años trabajé como conductora de televisión, al frente del programa de revista matutino más importante de mi país. Quizá te sorprenda saber que durante mucho tiempo me dio miedo a hablar en público, que trataba a como diera lugar de pasar desapercibida porque no me sentía lo suficientemente valiosa y creía que mi palabra no tenía peso. Para alguien que además tiene un pódcast, da conferencias y tiene una imagen pública, fue todo un reto vencerlo. Y ahora, cuando ese miedo se llega a asomar, lo veo, lo respiro en consciencia para centrarme y me recuerdo que soy valiosa, que mi palabra tiene valor y que no voy a permitirle que me vuelva a ganar una batalla.

Conocer la naturaleza del miedo que nos acecha nos permite tomar acción, sin tener que salir huyendo, pelearnos o congelarnos, como sucede cuando este es real y nuestra vida está en peligro o cuando sostenemos el miedo imaginario por largos periodos de tiempo. Ya que es este el que bloquea nuestro camino a la manifestación, pero al descubrirlo y desmantelarlo le restamos intensidad y evitamos que siga limitándonos escondido en una creencia.

Así que si el miedo al éxito es uno de tus miedos, contesta las siguientes preguntas: ¿Qué es lo que harías si estuviera garantizado el éxito y si el fracaso no existiera? Y si estuviera garantizado, ¿qué te limitaría ahora mismo para tomar acción y conquistarlo?

Reflexiona y en tu respuesta encontrarás deseos profundos y rutas de acción para alcanzarlo.

Buscar evidencias

Otra manera de formular preguntas para poner en jaque tus creencias limitantes es buscando las evidencias que las invalidan.

Creencia limitante: “No tengo pareja porque todos los hombres son iguales: infieles, desleales, desobligados, no quieren compromiso”.

Si esta creencia ha regido tu vida y hasta este momento en cada relación que has tenido la realidad te ha confirmado que es verdad, es hora de cuestionarla y desarticularla, porque su presencia te ha hecho atraer parejas que reafirmen tu manera de pensar.

Así que pregúntate: ¿Esto que creo es absolutamente verdad? ¿Así ha sido en el cien por ciento de los casos que conozco? ¿Qué evidencias tengo de que siempre es así? ¿Jamás he conocido una persona o situación que sea diferente?

Te aseguro que en toda tu vida sí has conocido al menos a un hombre que sea diferente y tenga otros valores y principios: quizá tu tercer novio en la secundaria que no estás contando o algún otro que conoces, aunque no hayas tenido una relación amorosa con él. Y esto, finalmente, nulifica tu creencia de "todos" los hombres son iguales.

Ahora haz memoria y, en consciencia, enumera a aquellos hombres que no corresponden a tu creencia limitante de "todos" los hombres son iguales. Con ello podrás confirmar que no se da en el cien por ciento de los casos y que es posible eliminarla y cambiarla por una creencia empoderadora, como: "Hay hombres que son diferentes, valiosos y queribles". Este "simple" cambio genera un pensamiento positivo sumamente poderoso que le permitirá a tu mente abrir su horizonte y poner tu atención y percepción activas para que comiencen a detectar a tu alrededor este tipo de hombres diferentes.

Byron Katie desarrolló "The Work", un trabajo introspectivo basado en cuatro preguntas claves que ayudan a desprogramar creencias limitantes y dolorosas:

1. ¿Esto que crees es verdad?
2. ¿Estás absolutamente seguro que es verdad?

3. ¿Cómo reaccionas, qué sucede, cuando crees ese pensamiento?
4. ¿Quién serías sin ese pensamiento?

Todas estas preguntas sirven para desarticular cualquier creencia limitante. Tenlas presentes, trabaja en ellas y escribe en tu primer cuaderno tu proceso.

En quién te conviertes

Hacerle preguntas a nuestra mente crea nuevas rutas de pensamiento y de acción, así que hazte la siguiente pregunta ante cada creencia limitante que hayas encontrado en tu proceso de autobservación: ¿Quién eres tú y en quien te conviertes al creer lo que crees?

Ejemplos: ¿Quién soy yo y en quién me convierto cuando me digo que soy un inútil? ¿Quién soy yo y en quién me convierto cuando me digo que todas las relaciones de pareja son un asco? ¿Quién soy yo y en quién me convierto cuando me digo que el mundo es asqueroso y ruin?

Y ahora percibe qué pasa en ti cuando respondes la misma pregunta que incluye una creencia empoderadora: ¿Quién soy yo y en quién me convierto cuando me digo que soy una persona talentosa? ¿Quién soy yo y en quién me convierto cuando me digo que hay relaciones de pareja amorosas y bellas? ¿Quién soy yo y en quién me convierto cuando me digo que el mundo es un lugar maravilloso y lleno de milagros?

Permítete explorar ambos territorios y darte cuenta de qué pasa en tu interior. Te aseguro que las tres primeras preguntas provocaron contracción en ti y las demás provocaron expansión.

Ir de lo negativo a lo positivo

Otro camino para desprogramar las creencias limitantes es cambiarlas por una pregunta cuya respuesta nos conduzca a encontrar su polo opuesto. Debemos hacerla en presente, en primera persona y en positivo. Por ejemplo:

- Cuando te digas: "Yo soy un inútil", de inmediato cambia esta afirmación negativa a la pregunta: "¿Yo soy hábil para algo?".
- Cuando te digas: "El dinero no se me da", de inmediato cambia esta afirmación negativa a una pregunta positiva: "¿Existen formas de generar dinero distintas a las que yo he practicado hasta hoy?".
- Cuando te digas: "Yo no tengo suerte en el amor", de inmediato cambia esta afirmación negativa a una pregunta positiva: "¿Hay alguien que me ame más allá del amor de pareja que he manifestado hasta hoy?".

No importa si en ese momento no te llega la respuesta. Te aseguro que, si continúas haciéndolas, tu cerebro la encontrará y una mañana te levantarás diciendo:

- "¡Claro, yo soy hábil para trabajar con la madera!", "¡Yo soy hábil para conectar personas!", "¡Yo soy hábil para mantener las cosas en orden!".
- "Me gustan los bebés, puedo trabajar como niñera", "Yo soy diestro con las manualidades, puedo hacer joyería", "Yo sé cocinar, puedo hacer comida económica y venderla".
- "Mi perro me ama, y cuando estoy con él, soy feliz", "Tengo amigos amorosos", "Recibo amor de mi mamá".

Cualquier afirmación es válida, y entre más las utilices, más reforzarás la valía que tienes y te abrirás al hermoso campo de las posibilidades.

Las creencias limitantes tienden a manejar el absoluto, el cien por ciento de certeza, lo que nos mantiene en un túnel estrecho de poca acción, por lo que hacerle preguntas a la mente nos permite ampliarla y nos muestra otras opciones que antes no veíamos.

Recuerda que tú eres el que piensa, el que puede cuestionar a tu mente, el que puede ponerla en jaque y conducirla a pensar diferente y abrirse a un sinfín de oportunidades nuevas cada vez que lo decidas. Échale "luz" a esas creencias limitantes que te mantienen atorado e insatisfecho y trabaja con nuevas creencias y preguntas. Te anticipo que no es cosa de una sola actividad o de un solo día. Tómate tu tiempo, vete cachando cada que te digas o te oigas decir una y cuestiónala y transfórmala.

Lo maravilloso de aprender a cambiar nuestro pensamiento y nuestras creencias es que no todo es para siempre y saberlo nos da paz, ya que podemos estarlas revisando, depurando y desprogramando continuamente.

Creamos desde donde estamos *siendo*, por ello nuestra realidad es el reflejo de nuestro mundo interior, y entre más sanos estemos, mejor. Recuerda: para crear una realidad diferente, tenemos que convertirnos en esa versión de nosotros mismos que se alinea con esa realidad que queremos manifestar.

SESGO DE CONFIRMACIÓN

Las creencias nos conducen a la manifestación por un proceso de nuestra mente que se llama: sesgo de confirmación.

Descubrir que existe este mecanismo en nuestra mente me ayudó a comprender por qué vemos lo que vemos y dejamos de ver todo lo que está a su alrededor. El sesgo de confirmación es un filtro de selección, una percepción selectiva que se activa y dejamos de ver lo que no necesitamos o queremos y solo vemos lo que necesitamos o queremos. Nuestro cerebro selecciona lo que vemos y hace una conexión con las cosas, situaciones o personas.

Por ejemplo: si queremos encontrar coches amarillos, un colibrí o personas pelirrojas, los vamos a ver en todos lados y dejaremos de ver todo lo que está a su alrededor. Nuestra mente estará tan enfocada que automáticamente haremos a un lado las miles de posibilidades y oportunidades que ya están frente a nuestros ojos y solo nos concentraremos en las cosas en las que ya pusimos nuestro foco mental.

Si en este momento te pido que pares de leer y veas a tu alrededor por treinta segundos y localices las cosas que haya de color rojo, tu mente comenzará a verlas de inmediato. Dime, sin quitar los ojos del libro y sin volver a observar lo que te rodea, ¿cuántos objetos dorados hay a tu alrededor? ¡Contesta ahora!

Te aseguro que no te fue tan fácil contestar esta pregunta, porque, durante esta actividad, se activó tu sesgo de confirmación y se dirigió a cumplir la indicación que recibió de solo ver objetos color rojo, y, por ello, eliminó de tu percepción los estímulos color dorado y los de los demás colores, porque así es como actúa todo el tiempo.

El sesgo de confirmación es la tendencia de nuestra mente a priorizar, buscar, seleccionar, interpretar y recordar aquello que confirma nuestras propias creencias, puntos de vista y opiniones. Nos lleva a encontrar evidencias en el mundo físico que los refuercen, es decir, nos conduce a ignorar y descartar todo aquello que los contradiga. En pocas palabras: dirige nuestra atención y percepción a aquello que asegure que lo que creemos es verdadero y hará a un lado cualquier cosa que lo contradiga.

El sesgo de confirmación nos mantiene centrados en nuestras creencias y circunscribe nuestra realidad a ellas, ya que no nos permite ver otras posibilidades. Hace que nos aferremos a tal grado a eso que creemos que somos incapaces de cuestionarlo y lo defendemos a capa y espada, aunque en ocasiones haya evidencias de que lo que creemos no es sostenible.

Por ejemplo: hay quien está convencido de que no es abundante, ni lo será, porque no tiene dinero líquido en este momento de su vida, y está tan convencido de ello y se lo repite tantas veces que no puede ver que es abundante, que tiene comida en su refrigerador, que tiene un clóset con ropa, que tiene una casa y gente que lo ama. Su mente está tan focalizada en el dinero líquido que los demás signos de abundancia son invisibles para él, lo cual le impide ver dentro de su ambiente algún bien que pudiera vender o alguna persona que lo pudiera ayudar y con ello salir del apuro.

Cuántas veces has conocido a alguien que no cree en sí mismo y has dicho: "Si esa persona viera lo que yo veo en él, sería un *rock star*". Pero él está tan metido en sus creencias de "Yo no sirvo", "Yo no soy creativo", "Yo no sé nada", que, aunque haya evidencias claras de que ha habido momentos en que esto no es así, no puede verlas, y no solo eso, sino que, debido al sesgo de confirmación, ha ido buscando de manera inconsciente la forma de comprobar que lo que dice es verdad. Hablamos aquí de nuevo de la autoprofecía cumplida: tanto se dice que "no sirve para nada", que encuentra constantemente en su realidad escenarios que le ayuden a comprobarlo. Es así que, al actuar de manera inconsciente, se refuerza su creencia y no le echa ganas al trabajo, no hace equipo, se siente incomprendido y crea problemas en la oficina, hasta que finalmente lo despiden. Con esto como "prueba", sale al mundo a decirse y decirles a todos con absoluta certeza: "Se los dije: no sirvo para nada".

Créeme que no es el destino el que le puso una trampa, como tampoco lo odia y lo quiere ver fracasar. Es él mismo, quien desde su mundo interior, ha creado una profecía que conlleva la expectativa del fracaso. Y esto nos ha pasado a todos en algún punto de nuestra vida, sobre todo cuando no estábamos conscientes de nuestro poder creador. Tan diferente que sería su vida si hubiera pensado lo contrario. Si constantemente se hubiera dicho y creído que era un chingón, un ser creativo y talentoso, doble contra sencillo que esto lo hubiera llevado a crear una vida mejor y, por tanto, ante sus ojos se hubieran desplegado escenarios que le permitieran confirmar una identidad exitosa.

Pero estamos tan aferrados a eso que creemos, que aunque nos limita, nos acomodamos a vivir en la incomodidad y en el dolor emocional que nos provocan las experiencias negativas que estamos manifestando, y como desde ese lugar interno tomamos decisiones y actuamos, lo único que hacemos es perpetrar nuestra vida insatisfactoria al mantener nuestro sesgo de confirmación con un ángulo angosto y estrecho que no nos permite ver ninguna otra opción más que la ya conocida.

Lo que "controla" nuestra vida es la interpretación que hacemos de ella. No vemos las cosas como son, sino como somos.

Con nuestro sesgo de confirmación no solo nos calificamos y enjuiciamos, sino también a los demás y al mundo que nos rodea.

Interpretamos la información que nos llega de manera sesgada y buscamos todas las evidencias que nos den la razón. Es por ello que cuando pensamos algo comenzamos a verlo en todos lados y más aún con las redes sociales, que en cuanto hacemos una búsqueda, comienzan a bombardearnos con información que condiciona y reafirma nuestra forma de pensar.

Una conocida hizo un experimento respecto a esto: creó un perfil falso, en el que era un hombre, conservador, de creencias religiosas fuertes, en contra de cualquier manifestación de diversidad sexual. Un perfil contrario a lo que es ella en realidad: una mujer abierta a cualquier filosofía y manera de pensar y actuar. En cuanto identificó cada una de las dos personalidades, el algoritmo comenzó a alimentar sus redes de forma diametralmente opuesta. Los contenidos que le llegaban y las invitaciones a seguir a otros usuarios dependían de su sesgo de confirmación y, por tanto, cada una de sus redes se llenó de "amigos", "seguidores" e "información" específica que reforzara la personalidad y creencias de cada perfil, impidiéndole siquiera llegar a aparecer en el universo del otro. Lo mismo sucede con nuestra mente, en donde no es un algoritmo externo, sino nuestro propio algoritmo el que limita nuestra capacidad de ver más opciones, de aprender nuevas ideas y formas de pensar, de percibir otras realidades, lo que nos puede llevar a la polarización o a la terquedad al tratar de imponer solo el punto de vista que conocemos.

Así que será nuestra tarea hacernos conscientes de nuestras creencias, que son las que dirigen nuestro sesgo de confirmación, y así ampliar los límites que este tiene y poder experimentar el mundo de posibilidades que nos ofrece la vida, removiendo esos bloqueos que nos restringen y nos impiden ver más allá. Debemos crear un nuevo lugar interno que nos permita llegar a nuevos horizontes. Se trata de remover el filtro estrecho a través del cual vemos la realidad y lograr crear otro más amplio que nos lleve a ver lo que, hasta este momento, no podíamos ver. Y esto lo logramos quitándole poder a nuestras creencias limitantes y reforzando nuestras creencias empoderadoras.

La manifestación no es acerca de crear más, porque todo lo que quieres ya existe en el Universo, sino de llevar a nuestra mente a *ver* más al entrar al mundo de los millones de posibilidades que hay a nuestro alrededor.

El sesgo de confirmación, a su vez, está conformado por un sesgo de positividad y otro de negatividad, cuyo efecto en nuestro cerebro es determinante: los estímulos y eventos negativos provocan en nosotros un mayor impacto y los vivimos con mayor intensidad que los positivos. Esta es la razón de que estemos más atentos a los comentarios o críticas negativas que a los muchos positivos que podamos recibir. Esto en redes sociales es muy claro: cuántos *likes* recibimos, cuántos buenos comentarios nos escriben. Pero si alguien nos dejó de seguir, nos criticó o dijo cosas duras o hasta sádicas, priorizaremos esta información por sobre toda las demás, y hasta es posible que no dejemos de pensar en ellas.

El doctor Daniel Amen, reconocido psiquiatra estadounidense, creó una técnica para evitar el sesgo de negatividad y dejar de tener días malos al activar el sesgo de positividad mediante el agradecimiento. Esta técnica consiste en escribir en tu cuaderno especial, justo antes de dormir, tres cosas por lo que te sientas en estado de gracia sin repetirlas. La idea es buscar en tu día esos pequeños detalles que te hicieron feliz y por los que estás agradecido, como el encuentro con alguien, la mirada de tu perro, el compartir una sonrisa con un desconocido, el chocolate que te comiste, el pago que recibiste, etc. Eso que a veces damos por sentado, pero que son pequeñas grandes bendiciones. Hacer de esto un hábito motiva que tu mente esté buscando durante todo el día lo positivo, porque sabe que en la noche tendrá que elegir las tres mejores opciones. Mantener tu mente con el sesgo de positividad activado te lleva a vivir en total agradecimiento y, con ello, a vibrar alto.

Por tanto, mientras no estemos frente a un evento sorpresivo, a un revés del destino en el que nuestra vida corra peligro y nuestra reacción de sobrevivencia nos haga huir, luchar o congelarnos, optemos por un pensamiento positivo sobre uno negativo, independientemente del estímulo que lo genere, y mantengámoslo en el tiempo para condicionar a nuestro cerebro a crear nuevas vías neuronales que nos lleven del sesgo de negatividad al sesgo de positividad, que actúa de la misma manera, solo que buscando a nuestro alrededor cosas que lo alimenten y que nos permitan abrirnos al maravilloso mundo de las posibilidades positivas.

Así, pues, en lugar de pensar que “todo va a salir mal”, qué tal si nos abrimos a la pregunta: “¿Y si todo sale bien?”.

PODERES DEL PENSAMIENTO

Nuestro pensamiento tiene tres poderes que serán piezas claves para la manifestación: el poder de la palabra, el poder de la imaginación y el poder de la intención.

El poder de la palabra

El poder de la palabra se manifiesta a través de los decretos, que son declaraciones que describen un resultado o estado mental como si ya lo estuviéramos experimentando en el aquí y ahora, aunque no haya evidencias para nuestros cinco sentidos de que sea así.

Ya mencioné el poder de la palabra y cómo el diálogo interno que sostenemos nos aleja o nos acerca a nuestros sueños, de ahí la importancia de los decretos y de saber hacerlos. Porque, sin estar conscientes, nos las pasamos haciendo afirmaciones de cosas que no deseamos que sucedan:

- "Tal persona me enferma".
- "Si me dan el ascenso, me muero".
- "Si se sale con la suya, me cae que todo se viene abajo para mí".
- "El dinero nunca me alcanza".
- "Yo solo conozco parejas que están ocupadas".
- "Si me dan el trabajo, me da un infarto".

Hay miles de ejemplos de frases que nos decimos de manera continua y que, sin darnos cuenta, van programando y moldeando nuestra mente y, por tanto, nuestra realidad.

Dos amigas constantemente decretaban respecto al dinero. Una decía: "Yo soy mi única fuente de abundancia". Hasta que se hizo consciente de que tanto se lo dijo que nunca había atraído a una pareja generosa o espléndida que alguna vez le regalara algo o contribuyera a los gastos comunes. Y la otra decretaba: "A mí el dinero siempre me alcanza para lo que necesito; ni me sobra ni me falta". Y, en efecto, siempre era así, producía lo necesario para satisfacer sus necesidades, y cuando había un extra, también había un gasto extra, de tal forma que jamás tenía para ahorrar o darse un gusto.

Otro caso es el de un amigo que siempre dijo: "Yo, después de los cincuenta, dejo de trabajar". Cuando cumplió cincuenta años y él "no" tomó la decisión de jubilarse, la empresa "casualmente" lo despidió.

Programamos lo que nos sucede sin darnos cuenta. Así de poderosa es nuestra palabra al crear nuestra realidad.

Actividad 5

Toma tu primer cuaderno y haz una lista de lo que te dices continuamente como un decreto. Tanto los pensamientos como las palabras son energía y tienen una vibración, así que es de vital importancia estar consciente de lo que decimos, porque es la vibración que estamos enviando al exterior, ya sea positiva o negativa.

¿Cómo se crean los decretos?

Puedes intentar cualquiera de las cuatro formas para decretar, ya sea con afirmaciones, preguntas cuánticas, órdenes o por medio de la renuncia y la verdad, lo importante es hacerlo con fe.

Por medio de afirmaciones

Las afirmaciones deben estar conscientemente encaminadas hacia aquello que deseamos materializar. Deben ser dichas o estar escritas en positivo, en tiempo presente y de forma precisa. Es decir, se enuncian como si ya estuvieran sucediendo, aunque en el mundo real no haya ninguna prueba de que así sea. Esto ayuda a darle un orden y dirigir a nuestra mente hacia lo que debemos ver, conseguir y manifestar.

Se dicen en presente. Se empieza con: "Yo soy...", "Yo tengo...", "Yo siento...". No utilizar: "Yo quiero...", "Yo necesito...", "Yo anhelo...", que restan fuerza porque están basadas en la carencia.

1. No es: "Yo quiero ser doctor". Es: "Yo soy doctor" (aunque aún no lo seas).
2. No es: "Yo necesito un coche". Es: "Yo tengo un coche" (aunque aún no lo tengas).
3. No es: "Yo no siento miedo". Es: "Yo siento tranquilidad" (aunque aún no la sientas).

Se dicen en positivo:

1. No es: "No quiero seguir en ese trabajo". Es: "Yo tengo un trabajo exitoso y bien remunerado" (aunque aún no lo tengas).
2. No es: "Ya no quiero ser pobre". Es: "Yo soy abundante" (aunque aún no lo seas).
3. No es: "No resisto más a mi pareja". Es: "Yo tengo una relación de pareja armónica y amorosa" (aunque aún no la tengas).

Recuerda que el Universo y nuestra mente no registran la palabra "no".

Los decretos que hacemos en forma de afirmaciones, que repetimos de manera consciente y continua, abren nuevos patrones mentales y programan a nuestro subconsciente a buscar formas de atraer el resultado o situaciones a nuestra realidad actual por medio del sesgo de confirmación.

Ya hablaremos más adelante del papel que tienen las emociones en el proceso de la manifestación, pero baste con decir que estas afirmaciones tienen que ser sentidas. De nada sirve hacerlas con palabras huecas. Deben salir del deseo más profundo de nuestro corazón, ya que el decreto es el recurso más poderoso de nuestra capacidad de hablar y si a este le sumamos la emoción, su fuerza se potencializa.

En los decretos, como en todo el proceso de manifestación, es importante confiar, porque no puedes hacer una afirmación y dudar al mismo tiempo, pues esto anula su poder. Decretar con certeza absoluta es poderosísimo, hay que mantener la convicción interna de que lo que afirmamos ya es un hecho, más allá de que lo veamos en la realidad.

Por medio de preguntas cuánticas

Otra manera de hacer decretos es a través de preguntas cuánticas. Con ellas nuestra mente se mantiene más receptiva y nuestro subconsciente buscará respuestas y encontrará soluciones, posibilidades y oportunidades nuevas dentro del campo cuántico, que es el mundo de todas las posibilidades.

Si afirmas: "Yo soy millonario", y esto aún no es verdad, y por ello te sientes incómodo o falso, tu mente puede mostrarse renuente y rechazar el decreto, poniendo tus palabras en tela de juicio e incluso provocando que llegues a pensar que estás loco por estar decretando algo que está muy alejado de tu realidad actual, pero haciéndole preguntas, la resistencia baja. Se activa tu atención de manera diferente y la dirige al campo de las posibilidades y a aquellas realidades que están fuera de nuestro radar interno para ampliar nuestro horizonte:

- "Universo: ¿Cómo es que soy millonario?".
- "Universo: ¿Cómo es que tengo esta pareja tan increíble a mi lado?".
- "Universo: ¿Cómo es que tengo salud perfecta?".
- "Universo: ¿Cómo puedo conectar con más milagros en mi vida?".
- "Universo: ¿Por qué soy tan próspera y abundante?".
- "Universo: ¿Por qué soy tan magnética y poderosa?".
- "Universo: ¿Qué nuevas y grandiosas aventuras vas a manifestar en mi vida hoy?".
- "Universo: ¿Por qué siempre me pasan cosas buenas?".

Aquí estamos asumiendo que nuestro deseo ya está cumplido. No estoy pidiendo desde la carencia que se manifieste. Lo doy por hecho y pregunto, afirmándolo con total seguridad y emoción: "¿Cómo es que lo estoy viviendo?". De esta manera, no le damos oportunidad a nuestra mente de saber si es verdad o no, sino que la enfocamos en encontrar una respuesta y en buscar evidencias que nos prueben que esto es real.

Por medio de órdenes

Otra forma de utilizar los decretos es dándole órdenes a la mente para que te muestre aquello que deseas encontrar; también puedes ordenarle al Universo.

- "Universo: muéstrame las infinitas posibilidades para conectar con la expansión y abundancia".
- "Universo: muéstrame y pon frente a mí a todas las personas, situaciones o lugares que me llenan de bienestar y abren mis caminos".
- "Universo: muéstrame la magia de ser yo mismo y que todo se acomode de manera perfecta en mi vida con total facilidad y gozo".
- "Universo: muéstrame a las personas, situaciones y lugares que están buscando mi energía y me van a aportar mayor abundancia y bienestar".
- "Universo: muéstrame qué energía tengo que ser yo para recibir amor, salud, bendiciones y dinero con facilidad y gozo".
- "Universo: muéstrame las infinitas posibilidades para conectar con más milagros".
- "Universo: muéstrame en qué nivel de consciencia el problema que hay en mi vida está resuelto".

Por medio de la renuncia y la verdad

Renunciar de manera consciente a un estado de ánimo, a una energía, a un hecho o a algo que no deseamos genera un movimiento interno muy poderoso, y al sustituir el espacio que eso deja con la verdad que deseamos, conduce a nuestra mente al proceso de manifestación. Por ejemplo:

1. "Renuncio a la soltería".
   Mi verdad es vivir en pareja.
2. "Renuncio a este malestar físico que siento ahora".
   Mi verdad es la perfecta salud manifestada.

3. "Renuncio a esta presión económica".
   Mi verdad es que yo soy un imán para el dinero y las nuevas oportunidades.

Todos los decretos se hacen como si ya fueran ciertos, y ya sea en forma de afirmación, pregunta, orden o renuncia/verdad, estos requieren de convicción total, emoción positiva y repetición sostenida. Son una herramienta maravillosa que es parte del pensamiento y, a su vez, del proceso de manifestación.

EL PODER DE LA IMAGINACIÓN

La imaginación es el principio de la creación humana. Es el motor de la realidad. Es plantar una semilla de futuro en nuestra mente, es crear una película en nuestro interior que proyecte un nuevo camino neuronal en nuestro cerebro.

La imaginación es la capacidad que tenemos de crear imágenes mentales de algo que puede o no existir en la realidad. Para manifestar algo en el mundo físico primero hay que imaginarlo. Somos los únicos seres en el planeta que podemos visualizar algo o a alguien antes de que exista o tenga una forma perceptible por nuestros cinco sentidos. Por ello, todo lo que existe en el mundo que fue creado por el hombre primero fue imaginado.

Detente unos minutos y recorre con tu mirada el lugar en el que te encuentras. Date la oportunidad de ver cada objeto, cada detalle que te rodea, imagina a la persona que está detrás de los colores, las formas, las texturas y que imaginó el uso de cada una de las cosas que están frente a ti. ¿No es asombroso? Gracias a la imaginación podemos crear tantos mundos y tantas realidades como lo deseemos.

Hay quien piensa que no tiene imaginación, que nada se le ocurre y que la creatividad no es lo suyo, pero esta es solo una creencia limitante muy fácil de desarmar, porque no es verdad. Cada que alguien elige la ropa que va a usar se imagina como se le vería, si esta combina y si va de acuerdo con el lugar al que asistirá. Cada vez que alguien organiza una fiesta con sus amigos imagina cómo será la fiesta antes de que esta se lleve a cabo: quiénes asistirán, la comida, la música y las actividades que habrá. Cada vez que alguien tiene un proyecto que desarrollar tiene que echar a volar su imaginación para crearlo. ¡Todos tenemos la capacidad de imaginar!

En cuanto al proceso de manifestación, imaginar es crear una visión en nuestra mente antes de que sea real, es ponernos en el futuro con todo aquello que soñamos y deseamos concretar. Es decir: "Ya me vi".

El cerebro no distingue cuando está ante la presencia de algo real o imaginario, solo reacciona en consecuencia. Hay terapias para sacarnos de la tristeza en las que la indicación es sonreír, provocarnos la risa y carcajearnos —aunque no sea una reacción natural— para engañar al cerebro y hacerlo creer que estamos felices y, así, comience a liberar endorfinas que nos generen un efecto de placer y bienestar. De la misma manera ocurre cuando le regalamos una imagen positiva y real de nuestro futuro al cerebro, este se siente bien.

Imaginar lo podemos hacer a ojos abiertos o a ojos cerrados. A veces nos sucede que cuando algo nos ilusiona nos descubrimos soñando despiertos en un futuro deseado, o bien cuando intencionalmente queremos hacerlo, nos aislamos y dejamos volar nuestra mente para crear experiencias que aún no existen.

Como en todos los procesos de la mente, la imaginación puede llevarnos al paraíso o hacernos vivir una pesadilla. En el proceso de manifestación debemos dirigirla al paraíso y frenar y redireccionar nuestro pensamiento cuando este se vaya a escenarios catastróficos que solo restan nuestra energía.

La imaginación es un recurso muy potente y con él se puede plantar la semilla del futuro en nosotros. Podemos crear una nueva película en nuestra mente con la vida ideal que deseamos, ya que al imaginar nos damos la oportunidad de ver nuestro mundo con una perspectiva diferente de la que somos testigos a diario. De hecho, ya lo hiciste cuando imaginaste y escribiste tu vida ideal en tu cuaderno especial.

Es trascendental imaginar nuestro futuro de manera vívida y activando todos nuestros sentidos. Llevando a nuestra mente a detallar lo que vemos, olemos, tocamos, oímos y saboreamos como si en verdad lo estuviéramos viendo, oliendo, tocando, oyendo y saboreando. Es activar nuestra mente a vivir una realidad ficticia como si esta ya fuera real. Entre más intensa, clara y detallada sea la experiencia que estamos imaginando, mayor será el impacto en nuestra psique al estarlo viviendo con la certeza de que eso ya existe.

Hay dos maneras de usar la imaginación: desde el pasado o desde el futuro.

- Cuando lo hacemos desde el pasado, nos basamos en lo ya hecho, realizado o experimentado para imaginar algo. Esto nos puede dar seguridad porque ya conocemos el camino y, en cierta medida, los alcances y riesgos que se pueden presentar una vez que se concrete en nuestra realidad.

- Cuando lo hacemos desde el futuro, lo hacemos desde algo que desconocemos y que nunca hemos experimentado. Nos salimos de la caja. Esto nos puede causar incertidumbre, pero también puede provocarnos un gran entusiasmo al imaginar algo nuevo y que veremos materializado por primera vez. Es ubicarnos en nuestro deseo cumplido y crearlo con la pasión que genera lo logrado. Esto se convierte en el principio de la manifestación.

Son dos formas de imaginar distintas. Aunque no es una mejor que la otra, los resultados sí son diferentes, y eso lo veremos más adelante. Pero cabe destacar que la imaginación no tiene límite y que aquí sí existe la lámpara de Aladino, de la que tú eres el único dueño.

Hasta este momento has estado creando a partir de los cinco sentidos, a partir de la lógica racional, a partir de tus experiencias del pasado. Sin embargo, haciendo uso de la imaginación, se puede iniciar el proceso de la manifestación antes de que aquello que deseamos se dé en la realidad, al aprender a poner en nuestra mente nuestra vida del futuro en el momento presente.

La imaginación nos da el regalo de la inspiración, y mantenernos inspirados nos acerca cada día más a la creación de aquello que deseamos.

EL PODER DE LA INTENCIÓN

La intención es la motivación que está detrás de todo lo que hacemos y que nos conduce a un resultado. Tener una intención clara es fundamental y va alineada con lo que somos, con nuestros valores, nuestro amor propio y merecimiento.

Una vez que algo es imaginado, hay que enfocar nuestro pensamiento y darle una intención precisa para concretar una manifestación consciente, ya que sin intención no hay dirección y todos nuestros pensamientos requieren de ella para ser materializados.

Muchas veces hemos escuchado la frase: "No hay barco que llegue a buen puerto si no sabe a dónde se dirige". Pues con nuestra mente sucede lo mismo. El problema surge cuando no somos conscientes de la importancia de intencionar nuestros pensamientos y decisiones y vamos dando bandazos, vamos de un lado a otro, zigzagueando, sin tener metas definidas, tomando acciones de manera reactiva frente a lo que se nos va presentando. Esto, además de hacernos perder mucho tiempo, nos impide materializar aquello que queremos, porque no lo tenemos detallado y porque no sabemos cómo dirigir nuestra energía para manifestarlo. Un día queremos una cosa, otro día otra, o tal es el agobio que esto nos provoca que nos perdemos en el acelere de la vida, sin poder enfocar y darle intención a nuestra mente para que encuentre lo soñado dentro del mundo de las posibilidades.

Sin tener un propósito claro, nos podemos quedar sumergidos en un mismo lugar mental por tiempo indefinido.

Y sabemos ya:

1. Que es mejor tener pensamientos positivos, vigorizantes, armoniosos y amorosos que pensamientos negativos, desvalorizantes, destructivos y faltos de amor.
2. Que, con base en nuestras creencias, nuestra mente elige entre unos pensamientos y otros.

3. Que nuestra mente activa el sesgo de confirmación para que podamos reforzar en la realidad lo que creemos.
4. Que sin intención definida no hay acción clara para alcanzar nuestras metas.

Siempre existe una intención consciente o inconsciente detrás de todo lo que hacemos. Esta es tan importante que, en un caso legal, puede meter a alguien a la cárcel o exonerarlo; puede hacer que una persona perdone un agravio o puede hacer que la pierdas; puede llevarte al éxito o puede dejarte habitando el mundo de la mediocridad.

¿Cómo se crea una intención?

La intención debe definirse de manera clara, contundente y específica y depende del objetivo o meta que queremos alcanzar. A partir de ella le damos dirección a la acción que nos conducirá a la manifestación. Si no hay acción, la intención se limita a ser un pensamiento. De ahí que se diga que los hechos son los que hablan.

Intención:	Encontrar un mejor trabajo
Acciones que pueden materializar la intención:	
Tomar un curso de actualización	
Estudiar otro idioma	
Hacer mi cv y enviarlo a un head hunter	
Analizar la lista de contactos y expresarles nuestro deseo	
Analizar en qué otras áreas de desarrollo puedo especializarme	

También podemos descubrir nuestras intenciones a partir de los hechos.

Acción:	Estoy comiendo sano.
La intención que puede haber detrás de esta acción:	
Quiero mantenerme con salud. Últimamente no tengo energía. Quiero adelgazar y gustarme más. Voy a correr un maratón.	

Acción:	Estoy espiando a mi pareja.
La intención que puede haber detrás de esta acción:	
Desconfío de él o ella. Quiero ver cuándo darle una sorpresa. Necesito encontrar las pruebas de su infidelidad. Quiero probarle que me está mintiendo. Quiero exhibirlo(a).	

Actividad 6

Observa tus intenciones

Cada vez que realices una acción detente unos segundos. Antes o después de que la hayas hecho, busca la intención que hay detrás y anótala en tu primer cuaderno. Ya que te sea fácil detectarla, de manera consciente define tus intenciones y más adelante hablaremos de cómo llevarlas a la acción.

Fórmula de la manifestación	
Actual	Pensamiento positivo/negativo
Consciente	Pensamiento positivo
Divina	Pensamiento positivo

Teniendo claro los tres poderes del primer elemento esencial de la manifestación y cómo cada uno de ellos nos va acercando a la fórmula de la manifestación que deseamos, adentrémonos ahora en el segundo elemento esencial: las emociones.

8
EMOCIONES

¿Qué son las emociones? Las emociones son energía en movimiento, son el lenguaje del cuerpo, porque estas siempre se sienten en el presente. Las emociones son las reacciones físicas y psicológicas que tenemos ante estímulos internos o externos que nos ayudan a adaptarnos a la realidad. Sentir es el mayor secreto de la manifestación.

Las emociones surgen de dos maneras:

1. Como una reacción instintiva ante un impacto en la realidad que no está bajo nuestro control, en donde se genera un impulso de manera espontánea y automática que no podemos controlar, en la mayoría de las veces porque nuestra vida se encuentra en peligro. Por ejemplo, ante un revés del destino o una sorpresa.
2. Como producto de nuestro pensamiento, al interpretar lo que ya ocurrió, lo que está sucediendo o lo que imagino que sucederá. Es la manera en la que reaccionamos ante lo que pensamos sobre lo que experimentamos en el mundo físico o imaginado. Por ejemplo: si me da miedo el mar y

> voy a subirme a una lancha, puedo sentir miedo y angustia aun antes de ni siquiera intentarlo. Si pienso que voy a encontrarme a un ex puedo sentir entusiasmo o rechazo según haya interpretado cómo fue nuestra historia. Si voy a recibir un aumento de sueldo, puedo sentir temor o angustia, si creo que eso me va a provocar la envidia de otros.

Cuando las emociones surgen ante un hecho sorpresivo, respondemos de manera instintiva de tres maneras: huyendo, peleando o congelándonos. Ante ello no tenemos control y solo debemos dejar que estas reacciones se manifiesten, pues su función es alertarnos para mantenernos con vida y salvarnos de algún peligro. En lo que respecta al proceso de manifestación, las que debemos observar son las que tienen como base un pensamiento.

Nuestro pensamiento se vuelve aún más poderoso cuando lo revestimos con alguna emoción, porque de inmediato se activan los químicos y neurotransmisores del cerebro que ponen en acción a nuestro cuerpo. Por ello, cuando se genera una emoción, provocada por un impacto real o por nuestra mente, se presentan sensaciones corporales de manera natural: el corazón se acelera, contenemos la respiración, sudamos, temblamos, los músculos se contraen, sentimos un nudo en la garganta o quizá también mariposas en el estómago.

En pocas palabras, comenzamos a "sentir" con todo nuestro ser lo que "sentimos". Y seguramente vas a decirme: "Esto es obvio". Pero no siempre es así. Te sorprendería cuántos de nosotros pensamos nuestros sentimientos, cuántos de nosotros racionalizamos aquello que nos provocan y cuántos de nosotros vivimos desconectados. Le metemos mente a la emoción, en lugar de solo sentirla y acompañarla cuando se manifiesta en nuestro cuerpo. Es más, muchas veces ante su presencia nos sentimos tan incómodos que de inmediato tratamos de evadirla ocupándonos en alguna actividad física o mental que nos distraiga y la vamos acumulando en nuestro interior, hasta que un día algo o alguien toca el botón exacto que nos hace sacar "eso" que según nosotros no existía, no veíamos y que, sin darnos cuenta, nos tenía "controlados".

¿Te ha pasado que de la nada comienzas a sentirte triste?, ¿que de la nada te levantas con un humor de la fregada?, ¿que de la nada, de estar bien, comienzas a sentir una ansiedad incontrolable? Cuando a mí me sucede esto, al tener consciencia del poder del pensamiento que hay detrás de cada emoción, lo primero que hago es preguntarme: ¿Qué es lo que estaba pensando antes de que empezara a sentirme así? Esta simple pregunta ayuda a bajar el nivel de tristeza, ira o ansiedad, porque cada pensamiento que tenemos desencadena una emoción que se proyecta al mundo.

Cuando nace una emoción dura en promedio cien segundos, sí, solo cien segundos cuando esta se desencadena como reacción a un evento que se origina fuera de nosotros —como un despido, el encuentro con alguien, un accidente, una separación amorosa, una agresión, la noticia de la llegada de un bebé, la pedida de matrimonio o el pleito con una persona—, y ante eso no hay nada que hacer; simplemente hay que dejar que se manifieste. Después de esos cien segundos iniciales la emoción debería estabilizarse y poco a poco ir bajando la intensidad hasta dejar de existir. Solo que nosotros, a través de nuestro pensamiento, seguimos alimentándola, estimulándola y echándole leña al fuego al recuperar de nuestra memoria aquello que la ocasionó. De esta manera, volvemos a sentirla de manera continua y con tanta intensidad como la primera vez, y no solo eso, sino que podemos sostenerla por tiempo indefinido.

Así que imagina lo que nosotros mismos nos provocamos a nivel corporal cada vez que traemos una emoción y un recuerdo negativo a nuestra mente. Cuando día a día nos decimos: "Odio a mi jefe por cómo me habló hace tres meses", "No puedo con los celos cada que veo a mi ex en las redes sociales besando a otras", "Alucino al hombre con el que despierto cada mañana y no puedo separarme de él".

Te comparto una experiencia personal sobre el mal manejo de las emociones que me puso al borde de la muerte:

Estaba tranquilamente viendo una serie en mi casa cuando llegaron mis análisis de sangre. Le hablé al doctor, se los leí y uno de los valores que tenía que estar máximo en ciento cincuenta estaba en cuatro mil. Me dijo: "Tienes media hora para llegar al hospital". Como pude, hice mi maleta y me dirigí a la clínica. Mi diagnóstico fue: pancreatitis grave biliar. Ante esto, mi médico afirmó: "Ocho de cada diez pacientes que llegan en tus condiciones mueren, pero estás llegando a tiempo y te vamos a salvar".

Sus palabras me dieron confianza y no instalé en mi mente ningún pensamiento negativo sobre la muerte y, por tanto, no sentí miedo, aunque sí vulnerabilidad ante la incertidumbre que estaba viviendo. De inmediato comenzaron los estudios. Días antes, durante las noches había presentado fuertes dolores a la altura de la boca del estómago. Pensé que era una gastritis severa y minimicé los síntomas, pero ante la persistencia del dolor llamé al doctor y me mandó a hacer la biometría hemática.

Desde que llegué al sanatorio, perdí mi voluntad y me convertí en objeto de estudio: radiografías, resonancia magnética, análisis de sangre, médicos que entraban y salían de mi habitación, etc. Finalmente, encontraron la causa: la vesícula estaba llena de piedras y una de ellas obstruyó el conducto que iba al páncreas. Aunque la piedra pasó sin necesidad de hacer una endoscopía para extraerla, había que quitar la vesícula y tres días más tarde lo hicieron. La noche previa a salir de alta el internista llegó a revisarme y me dijo: "Martha, la vesícula estaba llena de piedras, y es increíble porque en el último ultrasonido de tórax que te hice hace tres años no había una sola. Las formaste durante este tiempo".

Cuando él mencionó las fechas, me cayó el veinte. Justo hacía tres años que había estado viviendo en una angustia terrible. Llevaba muchos años trabajando en una empresa y esta atravesaba por un ajuste económico muy importante. Durante este tiempo, aunque no dejé de recibir un sueldo, la amenaza de perder mi trabajo me nubló la mente y no podía dejar de pensar en que me iba a quedar desempleada. Sumado a esto, mi socia había tomado la decisión de ya no trabajar al mismo ritmo después de años de ir a la par. Dos pilares muy importantes en mi vida se estaban desvaneciendo ante mis ojos y no sabía cómo enfrentar esta situación. Durante todos estos años tuve mi cuerpo bajo pensamientos catastróficos que me provocaban estrés y ansiedad continuos y, como consecuencia, el cuerpo me había pasado factura y estuve a nada de dejar de existir.

¿Y todo para qué? Mi mente visitó los escenarios más dramáticos, aunque en la vida real no perdí mi contrato, la empresa se estabilizó y en la actualidad sigo trabajando con mi socia al mismo ritmo que antes. Todas esas ideas de pobreza y escasez que imaginé solo se dieron en mi mente e impidieron que pudiera ver otras posibilidades laborales que me hubieran permitido seguir teniendo un sueldo y desarrollando mi carrera. En pocas palabras, "me congelé". No tomé en cuenta que la situación financiera de mi empresa estaba fuera de mi control, al igual que la decisión de mi socia, pero sí podía controlar a mi mente, a ella la pude haber frenado con la escalofriante realidad que me estaba mostrando, del mismo modo que pude haberme salido de la caja oscura en la que me encontraba encerrada, pensar fuera de ella y ver mi proceso con mayor compasión, pero en ese momento no logré ver mi pensamiento negativo ni las emociones de baja frecuencia que yo misma estaba provocando y que me hacían vivir en los mismos escenarios una y otra vez. Mantener este estado por un periodo constante y sostenido puso en peligro mi cuerpo.

El doctor en medicina y filosofía David R. Hawkins hizo una gráfica de emociones y la frecuencia que generan. Entre más baja la vibración, más estrés y tendencia a enfermar; entre más alta, mayor bienestar y energía.

Cuando mantenemos emociones de baja frecuencia por largos periodos, causamos en nuestro cuerpo un impacto epigenético, es decir, que va más allá de la genética, lo cual puede alterar nuestro organismo y desencadenar trastornos emocionales que nos llevan a enfermar, a tomar decisiones erráticas y a enfrentar graves consecuencias. De ahí la importancia de la autobservación y del nivel de consciencia que nos permitan suavizar este impacto cuando se presenta.

Es importante activar nuestro termómetro emocional para calibrar cómo nos sentimos. Vivimos tan en automático que muchas veces no tenemos consciencia de ello, y respondiendo ciertas preguntas podemos observar lo que pasa con nuestro cuerpo, si se siente bien o mal, si se siente liberado o tenso en alguna parte, si se expande o se contrae.

Escala vibracional de emociones

Emoción	Frecuencia
Iluminación	700 +
Paz	600
Alegría	540
Amor	500
Raciocinio	400
Aceptación	350
Voluntad	310
Neutralidad	250
Coraje	200
Orgullo	175
Ira	150
Deseo	125
Miedo	100
Sufrimiento	75
Apatía	50
Culpa	30
Vergüenza	20

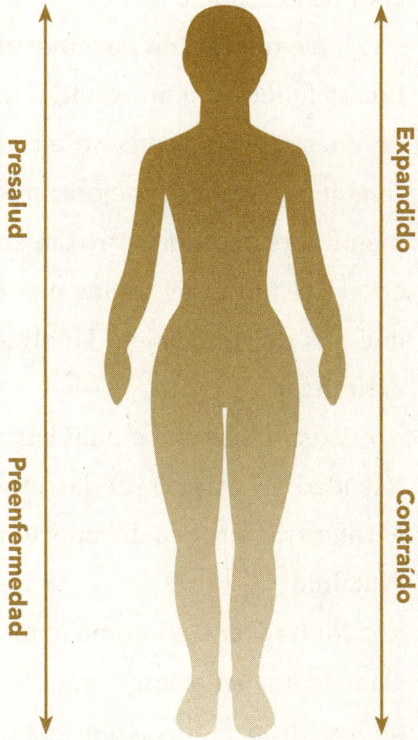

Basada en la escala vibracional de emociones de David R. Hawkins.

Todos los días antes de levantarnos debemos darnos cinco minutos para respirar profundo y, antes de salir de nuestra cama, preguntarnos: “¿Cómo me siento?”. Las respuestas que nuestro cuerpo nos dé mediante sensaciones (sin meterle mente) nos permitirán estar al pendiente de nuestros sentimientos y de la vibración que enviamos al mundo. Si nos sentimos realizados, felices y en paz es porque estamos manifestando la vida que deseamos, pero si es al contrario, si nos sentimos insatisfechos, enojados o deprimidos, es porque no estamos manifestando lo que queremos. Nuestro cuerpo nos sirve de brújula. La calidad de nuestras emociones nos permite saber si nos hallamos en el camino deseado o no.

Sin embargo, no podemos ser tan radicales. Muchas veces estamos felices y manifestando nuestra realidad ideal en un área de nuestra vida, pero no en otra. La manifestación consciente también se trata de mejorar nuestra vida, de convertirnos en una mejor versión de nosotros mismos y de elevar nuestra vibración en el área o áreas en las que deseamos hacerlo, incluso en las que nos sentimos bien. Finalmente, como bien dicen: el cielo es el límite.

Existen seis emociones básicas (miedo, ira, disgusto, sorpresa, felicidad y tristeza), de las que se desprenden las demás, como lo muestra la rueda de emociones creada por el psicólogo Robert Plutchik.

No hay tal cosa como emociones buenas y emociones malas. Cuando una emoción se manifiesta, no hay que rechazarla, juzgarla o evadirla. A todas hay que darles su espacio, vivirlas y transitarlas hasta liberarlas, porque cada una tiene su función.

- El miedo nos ayuda a reaccionar ante cualquier amenaza e incluso nos puede salvar del peligro.
- La ira nos ayuda a poner límites, a luchar contra una injusticia, a darnos energía para ir por algo.
- El disgusto o rechazo nos ayuda a evitar un envenenamiento y otras situaciones que pueden ponernos en riesgo.
- La tristeza nos ayuda a reconocer nuestras necesidades y a procesar situaciones difíciles.

Basada en la rueda de las emociones, creada por Robert Plutchik.

- La felicidad nos permite conectar con otros y buscar escenarios de convivencia y placer que favorecen nuestra salud emocional y mental.
- La sorpresa nos ayuda a prestar atención a lo inesperado, activando escenarios hipotéticos de lo que podría ocurrir.

Dependiendo del tiempo en el que las sostengamos, las emociones elevan o bajan nuestra frecuencia. De ahí la importancia de alimentar aquellas que la aumentan y liberar las que la disminuyen.

- Las emociones de alta frecuencia son la alegría, el amor, la compasión, la confianza, la admiración, el optimismo, el éxtasis, el entusiasmo, la calma, el agradecimiento.
- Las emociones de baja frecuencia son el odio, el enfado, la ira, la tristeza, el miedo, el temor, el rechazo, la pena, la frustración, la decepción.

No se trata de reprimir las emociones, porque lo que resiste persiste, por el contrario, debemos aprender a verlas, a sentirlas y a detectar el pensamiento que las motivó para poder gestionarlas y liberarlas por medio de la aceptación, la autorreflexión y la transformación de pensamientos negativos a positivos.

Los pensamientos positivos generan emociones de alta frecuencia y los pensamientos negativos propician emociones de baja frecuencia. Ambas frecuencias dan como resultado una vibración, y lo que vibra igual se atrae. Seguramente te ha pasado que hay momentos en los que comienza a alejarse gente que antes era parte muy importante de tu vida, y esto tiene mucho que ver con que has dejado de vibrar igual que ellos, mientras que las situaciones y personas nuevas que hay a tu alrededor tienen que ver con la frecuencia que tienes hoy.

Los especialistas afirman que tenemos entre veinte y treinta segundos para desactivar un pensamiento negativo y, por tanto, frenar la emoción que este provoca. Los pensamientos negativos y emociones de baja frecuencia nos hacen perder energía y nos debilitan. Cuando no los gestionamos y liberamos caemos en un círculo vicioso, en el cual el pensamiento alimenta a la emoción y la emoción refuerza al pensamiento. Recuerda que solo "vemos" escenarios que nos reafirman eso que pensamos y sentimos.

¿CÓMO GESTIONAR LAS EMOCIONES?

Cuando la emoción es producto de un pensamiento, de una interpretación, podemos trabajar en ella y gestionarla de tres maneras distintas: analizando el pensamiento, analizando la emoción o analizando el cuerpo.

Analizando el pensamiento

Cuando se presente una emoción, identifica cuál es el pensamiento que la precede, para ello, pregúntate: "¿Qué estoy o estaba pensando?" y date unos segundos para responder.

Es posible que, cuando te sientes con ansiedad, por ejemplo, estuvieras pensando que te iban a correr del trabajo, que podía pasarte algo malo o que te ibas a quedar solo; si sientes una profunda tristeza, tal vez estabas pensando en un amor del pasado, en una persona que extrañas o que las cosas no son como las deseabas; si sientes ira, rabia o coraje, tal vez pensabas en una injusticia, en algo que te quitaron o en una realidad que no quieres

Nuestras emociones dependen totalmente de cómo interpretamos la realidad, porque cada interpretación generará un sentimiento distinto.

SITUACIÓN: No te invitaron a la fiesta de la oficina.

- Si piensas que no eres valioso en tu trabajo, que seguro te correrán y que por eso no te invitaron, vas a sentir estrés y miedo de perder la chamba.
- Si piensas que tu compañero te borró de la lista por envidia, vas a sentir rabia y coraje.

- Si piensas que nadie te quiere en la oficina, vas a sentir tristeza.
- Si piensas que esa noche tu jefe tiene un mejor plan para ti, vas a sentir alegría y paz.

Cuando tenemos como base pensamientos positivos y emociones de alta frecuencia, creamos un círculo virtuoso que debemos estimular y mantener para elevar nuestra vibración. Una forma de hacerlo es activando el agradecimiento.

Así que si quieres atraer una realidad más satisfactoria a tu vida, es vital que mantengas pensamientos positivos que causen emociones de alta vibración. Sé que es muy difícil que en la cotidianidad se pueda sostener una frecuencia alta todo el tiempo. Sé que estamos viviendo mucho caos en el exterior, sé que no somos santos ni monjes y que los pensamientos negativos y las emociones de baja frecuencia también son parte de nuestra vida, pero cuando de manifestación se trata es determinante hacerlo el mayor tiempo posible. Y así como vimos que podemos cambiar nuestros pensamientos negativos a positivos, de la misma manera conscientemente podemos cambiar la frecuencia de nuestras emociones si ponemos atención al pensamiento que la generó.

Cuando digo que la emoción es el secreto más grande de la manifestación, es porque no son las cosas que queremos las que en verdad nos hacen felices, sino lo que estas nos hacen sentir. No es el millón de pesos en el banco, ni la casa en la mejor colonia, ni el reconocimiento social a lo que realmente le damos valor, sino a lo que nos provocan a nivel emocional y la manera en que alimentan nuestro corazón y nuestra alma.

Si un millón de dólares te va a provocar ansiedad y apego, difícilmente lo vas a poder sostener en la realidad, pero será muy distinto si ese millón te hace sentir seguro y tranquilo al manifestarlo.

Si tu casa te va a provocar una mayor sensación de soledad e inseguridad, difícilmente la vas a poder sostener en la realidad, pero será muy distinto si te hacer sentir el calor de hogar y protección al manifestarla.

Si tener una pareja te va a cortar las alas y a hacer explotar tus heridas, difícilmente la vas a poder sostener en la realidad, pero será muy distinto si te provoca entusiasmo y un profundo amor al manifestarla.

Es importante trabajar las emociones de baja frecuencia, porque si no lo hacemos, estas crean bloqueos que nos drenan, que nos agotan y que nos alejan de nuestros deseos.

Analizando la emoción

Hay emociones de baja frecuencia que nos condicionan y nos tienen atados al pasado. Por ejemplo, el odio que se ha sentido por años por una situación o persona provoca una especie de adicción en nuestro cuerpo, que incluso si quitáramos esa situación o persona en específico, buscaríamos a otra a quien odiar. El cuerpo es el que ahora influye en la mente a pensar y buscar esas experiencias del pasado que están grabadas en la memoria y que generan la misma emoción, aunque ahora el estímulo sea otro. Y así es como se crea un círculo vicioso. Hacernos conscientes de esto lo rompe y, por lo tanto, se impide el condicionamiento de nuestro cuerpo al sentir la falta de los químicos que esa emoción le provoca. Algo muy distinto es enseñarle a nuestro cuerpo lo que las emociones ligadas a nuestro "yo del futuro" pueden crear cuando estas son de alta frecuencia, como el amor y el agradecimiento.

Analizando el cuerpo

Otra forma de liberar los bloqueos y emociones es trabajándolos desde el cuerpo:

- Ve a tu espacio y date el tiempo de estar contigo.
- Pon atención a tu cuerpo y ve recorriéndolo. Escanéalo de los pies a la cabeza.
- Respira profundo y reconoce qué sientes y en qué parte del cuerpo lo sientes.
- Describe las sensaciones: ¿Qué forma tiene? ¿Es grande o chica? ¿Se atora en la garganta? ¿Duele el pecho o la rodilla?
- No juzgues ninguna sensación, por incómoda que sea. Sólo obsérvala, siéntela. Una emoción simplemente es.
- Pídele a tu cuerpo que te muestre qué quiere hacer. Sí, pídele que lo haga y permite que él te indique si quiere moverse. Quizá desee hacerlo a través del ejercicio, el baile o corriendo, o tal vez prefiere hacerse bolita y abrazarse, gritar, pegar en una almohada, brincar o mantenerse en silencio y acostarse.
- Nuestro cuerpo tiene su propia sabiduría. Escucha al tuyo.
- Después acuéstate en tu cama y extiende todo tu cuerpo como si fueras una estrella de mar y, aunque no te nazca, sonríe, sí, sonríe. Recuerda que podemos engañar a nuestro cerebro y esto le dará la instrucción de que puede liberar hormonas que nos hagan sentir mejor.
- Permite el proceso.

Terapia

Si la emoción está muy arraigada, si fue producto de un trauma o evento emocional fuerte, debemos buscar ayuda con un especialista. No podemos abandonarnos emocionalmente ni dejar que las emociones tomen control de nosotros e impidan que tengamos la vida que merecemos. Las emociones son parte de nosotros, pero no podemos permitir que nos "secuestren" y que no tengamos voluntad ante ellas. Es vital trabajarlas visitando el subconsciente y el inconsciente para dar con su origen.

Lo importante para el proceso de manifestación es lo que nuestros deseos nos hacen sentir; eso nos lleva al SER, no al hacer. Debemos regular nuestro mundo emocional y hacerlo vibrar tan alto como eso que deseamos. La paz, la armonía y la felicidad están a nuestro alcance si regulamos nuestras emociones y aprendemos a gestionarlas.

PODERES DE LAS EMOCIONES

Las emociones tienen cuatro poderes que participan en el proceso de manifestación:

1. El poder de la intuición
2. El poder del perdón
3. El poder del amor
4. El poder del agradecimiento

El poder de la intuición

La intuición es la inteligencia del corazón, la sabiduría interior en la que no interviene el pensamiento. Es lo que conocemos como "corazonada", cuando desde nuestro ser surge la certeza de un "simplemente lo sé". Es la capacidad de comprender las cosas de manera instantánea, sin necesidad de razonamiento. Se manifiesta mediante las sensaciones y sabemos algo porque sí. Es ese pequeño impulso lleno de certeza que nos dice qué decisión tomar o a dónde ir. Es la habilidad de saber algo sin que nada tangible lo compruebe, activando la fe y permitiendo que nos guíe.

Ante la intuición no tiene cabida la duda ni la inseguridad, porque aunque a veces la mente nos diga que algo no es posible, el corazón sabe con total seguridad que sí lo es por la conexión que existe desde nuestra parte divina con los mundos más sutiles.

Nuestro ego trata de callar su voz e invalidar su sabiduría y nos motiva a recorrer los caminos comprobables por nuestros cinco sentidos, los que ya conocemos y los que nos dan validación externa, pero cuando conectamos con la intuición, nada de esto es necesario porque la sabiduría viene de nuestro interior y el corazón siente con certeza. La intuición nunca miente y debemos aprender a darle cabida en nuestra vida y a escucharla.

Seguro ya la has experimento cuando vas en la calle y algo te dice que es mejor tomar otra ruta; cuando conoces a alguien y, sin saber por qué razón, internamente tienes la certeza de que no lo quieres cerca; o cuando se abre una oportunidad ante ti que, por loca que suene, sabes que debes tomar. En estos ejemplos es la intuición la que habla y nos brinda la seguridad de que lo que suceda será para nuestro más alto bien, pues su mayor función es mantenernos en conexión con nuestra parte divina.

Si durante el proceso de manifestación hay duda o resistencia, observa tu pensamiento, respira profundo, pon tu atención en el corazón y permite que tu intuición te guíe. Escucha ese pequeño impulso, esa vocecita suave que nos susurra y deja que cobre vida y te diga qué hacer o hacia dónde dirigirte. Nuestra intuición sabe percibir las señales del Universo. Confía en ella.

El poder del perdón

Como ya vimos, las emociones de baja vibración drenan nuestra energía e impiden la manifestación. Una de las acciones más poderosas para contrarrestarlas es el perdón radical, cuyo fin es transformar las situaciones que nos provocaron dolor, ira o tristeza en una experiencia que nos conduzca a la paz interior.

El perdón radical tiene que ver solo con nosotros, no con en el otro. Nos ayuda a liberar las emociones de baja vibración que nos mantienen prisioneros de algo que sentimos que no fue justo.

Mucho se ha hablado de los cuatro acuerdos de Miguel Ruiz, en uno de ellos afirma que no debemos tomar nada personal. Esta actitud nos libera del drama y el victimismo. Nos lleva a reconocer que cada quien tiene su propio mundo interno y que consciente o inconscientemente actúa desde él, así que en esencia las acciones del otro nada tienen que ver con nosotros. Desde este punto de vista, no tendríamos nada que perdonar, porque si nos sentimos ofendidos, resentidos o víctimas de una injusticia, es solo por la interpretación que hicimos de algo que sucedió o de algo que sentimos que nos hicieron con mala intención. Puede pasar que el otro ni siquiera esté consciente de que nos ofendió, mientras nosotros nos sentimos realmente mal cada vez que revivimos el hecho; aunque si intencionalmente nos agredió, será cosa de él, a menos que le compremos la afrenta y le demos importancia. Ahora, si yo te digo en tono rudo y agresivo: "¡Eres un chungantero!", quizá te sientas molesto si crees que es un insulto, incluso puedes pretender que te pida perdón por tal agravio, cuando esta palabra no significa nada, porque la acabo de inventar.

Todo depende de cómo interpretemos lo que nos sucede y las emociones que generemos, porque si sentimos que alguien nos ofendió o agredió y no trabajamos el perdón, nos mantendremos drenados, con sentimientos de baja vibración y atrapados en el drama de una experiencia dolorosa del pasado que obstaculiza nuestra manifestación. Cuando alguien nos hiere deja una especie de huella emocional que, cada vez que la traigamos a la mente, puede hacerse más profunda.

Recordemos que el pensamiento evoca más lo negativo que lo positivo. Y esto lo hace como un mecanismo de supervivencia, como una especie de advertencia o alerta para evitar que nos vuelva a pasar lo mismo. En este sentido, nuestro cerebro no distingue entre lo que recapitulamos o imaginamos y lo que sucede en la realidad, de ahí que volvamos a vivir el dolor primigenio en tiempo presente, por lo cual debemos estar muy conscientes de lo que pensamos para evitar seguir alimentando lo que tanto nos dolió y que puede convertirse en sufrimiento. De ahí que se diga: el dolor es inevitable, pero el sufrimiento es opcional.

Es vital entender el perdón como la liberación de las emociones de baja frecuencia, el cual solo te beneficia a ti. Muchas veces ya ni la persona que las causó está en nuestra vida, pero la huella emocional que dejó en nosotros sigue tan viva como el primer día y eso nos resta energía y nos hace vibrar bajo. Así que cuando aparezca el recuerdo, frénalo, deja de repetirlo.

El perdón radical no implica que tengamos que aceptar las agresiones de nadie, sino que a nivel emocional las saquemos de nuestro campo energético y dejemos de pensar en ellas y en lo que pasó. Podemos expulsar de nuestra vida a quien provocó el agravio, al mensajero, pero no podemos perder el mensaje y el aprendizaje que nos dejó esa experiencia.

Para trabajar el perdón radical, podemos hacernos estas tres preguntas:

1. ¿Para qué pasó lo que pasó?
2. ¿Para qué llegó esa persona o situación a nuestra vida?
3. ¿Qué tenemos que aprender de ello?

Perdonar nos ayuda a vivir más ligero y a dejar cargas y fugas de energía para poner toda nuestra atención e intención en materializar nuestros deseos.

Así que hazte un par de preguntas más:

- ¿Quién eres o en quién te conviertes cuando sigues con el resentimiento, la tristeza, la ira y el coraje por lo que hizo o dejo de hacer una persona?
- ¿Quién eres o en quién te conviertes cuando liberas y perdonas lo que hizo o dejó de hacer una persona?

¿Puedes sentir la diferencia? La primera pregunta perpetúa las emociones de baja frecuencia, mientras que la segunda te permite encontrar paz interior.

Ahora, como en cada parte de este proceso, decide en cuál de los dos estados emocionales quieres estar, porque de tu vibración depende tu manifestación. El perdón es una decisión en la que lo que más importa es tu bienestar y elevar tu vibración.

El poder del amor

El amor es la emoción más poderosa de todas. Mantenernos en su frecuencia nos lleva a vibrar alto y nos permite entrar en estados de bienestar físico y emocional sostenidos. Ya hablamos del amor propio, pero extender esta alta vibración a todo lo que nos rodea establece vínculos muy poderosos que nos expanden. Su vibración es tan alta que nos permite mantener una relación apasionada con la vida y con aquello que queremos alcanzar.

El amor es una especie de brújula emocional que nos ayuda a elevar nuestro bienestar y, por ende, nuestra vibración. Y en el proceso de la manifestación el amor nos permite encontrar el más alto significado a nuestros deseos, buscando nuestro mayor bien personal, pero también el de los demás y el del mundo que nos rodea. Ante su presencia, el miedo, la ira y la tristeza pierden fuerza y nuestro ser brilla y se mantiene conectado con el Universo.

Sé una semilla de amor en el mundo y ponle el corazón a cada deseo, a cada pensamiento, a cada acto que realices. Vibra alto con este sentimiento que te acerca a la manifestación.

El poder del agradecimiento

A veces pensamos que con solo pedir y esperar lo que deseamos lo vamos a lograr, pero la verdadera clave es "creer", tener certeza absoluta de que eso que quiero ya está materializado en el mundo de las posibilidades. Si dudas, si temes, si cuestionas tu propio deseo, le pones un freno a la manifestación. No funciona desde la carencia, sino desde la seguridad, y, por tanto, es necesario incorporar el agradecimiento del deseo cumplido.

Es muy importante mantenernos en estado de gratitud por lo que ya tenemos, pero también hay que hacerlo por aquello que deseamos, aun cuando todavía no esté en nuestra realidad; debemos agradecer como si nuestro deseo ya se hubiera materializado. Encarnar el agradecimiento del deseo cumplido en cada célula de nuestro cuerpo le dice a nuestra mente, corazón y al Universo que ya estamos listos para materializar lo que soñamos y que lo valoramos.

El agradecimiento, al ser una emoción de alta frecuencia, tiene el poder de fortalecer nuestra salud física, emocional y mental. Mantenernos en estado de gracia aumenta nuestra vibración. En el siguiente capítulo aprenderemos cómo encarnar a nuestro "yo del futuro" y cómo experimentar total agradecimiento, aunque nuestro deseo todavía no se haya manifestado en el mundo físico.

El Universo nos da aquello que estamos preparados a recibir, así que activemos el estado de gracia del deseo cumplido para mandarle la señal, clara y contundente, de que estamos listos para ver manifestado nuestro deseo en la realidad.

El agradecimiento del deseo cumplido abre las puertas a la manifestación al mantenernos en una emoción de alta frecuencia.

Fórmula de la manifestación			
Actual	Pensamiento positivo/negativo	+	emoción alta/baja frecuencia
Consciente	Pensamiento positivo	+	emoción de alta frecuencia
Divina	Pensamiento positivo	+	emoción de alta frecuencia

9
ENVISIÓN

Envisionar es el tercer elemento de la manifestación. Es una acción muy poderosa y un gran motor en el proceso de la creación de lo que deseamos.

Es hacer uso de la imaginación y sumarle las emociones. Pero no es cualquier tipo de imaginación, sino una que sucederá en el futuro. Es "vernos" en el futuro con lujo de detalle y "sentirlo" en todo nuestro cuerpo como si ya estuviéramos ahí, gozando y agradeciendo lo que ya creamos. Es vivirlo con toda la pasión y entusiasmo que nos generaría el deseo ya cumplido, aunque en el mundo real y en el tiempo presente no haya evidencia de que es una realidad.

Usar todos nuestros sentidos al imaginar amplifica nuestras sensaciones y emociones, y nos permite enseñarle a nuestro cuerpo cómo se siente eso que deseamos, a tal grado que podemos agradecerlo aunque todavía no se manifieste. De esta manera, vibramos con nuestro deseo y nuestro "yo del futuro" como si ya fuera real en el presente.

Envisionar nos permite reprogramar nuestra mente para crear una nueva realidad al meternos en una especie de nave del tiempo para ver y sentir nuestro futuro y luego regresar bañados de esa energía.

Envisionar es muy poderoso por dos razones:

1. Porque, al sacarla del camino ya conocido, le abrimos una nueva posibilidad a nuestra mente para crear algo verdaderamente nuevo. Dejamos de alimentarla con cosas y creencias limitantes del pasado para hacerlo con miles de posibilidades nuevas.
2. En tanto la mente no distingue la realidad de lo que sucede en nuestra imaginación, al llevar nuestra visión al máximo, le regalamos a nuestro cerebro una fotografía del futuro que queremos vivir, para que active el sesgo de confirmación y comience a buscar evidencias y pruebas de que eso que deseamos ya es un hecho en la realidad. Es la inducción perfecta para entrar al subconsciente y dejar una nueva semilla que, con base en la repetición, nos saca del modo automático.

Actividad 7

Ve a tu espacio preferido, respira profundo y relájate. Si te es posible, graba con tu celular el siguiente ejercicio para que lo escuches con los ojos cerrados. Si no puedes hacerlo, léelo y hazlo con los ojos abiertos. En ambos casos pon toda tu atención, deja volar tu imaginación y concéntrate en sentir con todo tu cuerpo.

Imagina que frente a ti está el coche de tus sueños, ese que has anhelado toda tu vida y ya es tuyo. Te lo acaban de regalar. Imagina la marca, el color, el tamaño.

Imagina acercarte a él y acariciarlo por fuera: ¿Está frío? ¿Está caliente por el sol? ¿Está a temperatura media? ¿Tiene algún borde o textura? Siéntelo, tócalo, desliza tu mano sobre él.

Imagina que abres la puerta y te subes: ¿cómo se siente el asiento?, ¿es duro, acolchonado o se ajusta a tu cuerpo?, ¿de qué material es el volante?, ¿tiene algún logo?, ¿de qué material es?, ¿de qué color es?

Imagina cómo huele. ¿Puedes traer a ti ese olor tan característico de los coches nuevos? O ¿huele a algún aroma que tú elegiste?

Imagínate ahora encendiéndolo y echándolo a andar. ¿Cómo se siente manejarlo?, ¿vas rápido o despacio?, ¿traes el vidrio abajo o el aire acondicionado?, ¿siente el aire en tu cara?, ¿qué música estás escuchando?, ¿qué es lo que ven tus ojos en el trayecto?

Ahora observa cómo te sientes: ¿alegre, entusiasmado, feliz? A continuación eleva esa emoción al máximo. Haz que invada todo tu ser, siéntela en cada célula. Sonríe, ese auto es tuyo.

Quédate ahí disfrutando el tiempo que quieras, y luego respira profundo y, poco a poco, ve regresando al momento actual y comienza a sentir y a mover tu cuerpo.

Envisionar nos saca del patrón limitante y conocido de: "Yo jamás voy a tener un coche nuevo", a estimular nuestra psique plantando una semilla del futuro y afirmar: "Yo ya tengo un coche nuevo que manejo con mucha felicidad", y llevarlo, a través del sesgo de confirmación, a buscar y ver las oportunidades que van a causarlo, porque para nuestro subconsciente y para nuestro cuerpo, el deseo ya existe en el presente.

Con base en esta inducción, la mente te llevará a obtener nuevas fuentes de trabajo que te permitirán comprarlo, te llevará a dar con alguna oferta atractiva o a encontrar a un amigo que venda el suyo y puedas adquirirlo a un gran precio, entre muchas otras oportunidades. Al entrar con tu imaginación sentida en el campo de las posibilidades a través de tu "yo del futuro", ese carro que deseas se convierte en un deseo a materializarse y habrás persuadido a tu cerebro para que te lleve a manifestarlo.

La envisión tiene cuatro elementos que la potencializan:

1. Frecuencia: entre más veces envisionemos con nuestro deseo, mayor impacto tendrá en nuestro subconsciente.
2. Duración: entre más tiempo dure, habrá más impacto en el cuerpo.
3. Claridad: debemos enfocarnos en el deseo con la mayor precisión posible.
4. Intensidad: debemos elevar la emoción de alta frecuencia al máximo y ¡sentir, sentir, sentir!

Cuando al envisionar creamos el resultado, este encontrará la forma de llegar hacia nosotros. Es el final el que estructura sus propios medios de creación. Es crear el efecto para que surja la causa. La manifestación no es atraer lo que no tenemos, sino hacer visible lo que ya está ahí para nosotros en el mundo de las posibilidades y que se iguala a nuestra vibración.

YO DEL PASADO, DEL PRESENTE Y DEL FUTURO

A nivel racional, por supuesto que existe el tiempo y en nuestras actividades diarias nos regimos por él. Los seres humanos hemos establecido medidas y acuerdos sociales para la mejor organización de las tareas en la vida cotidiana y para convivir sanamente con los demás. Sin embargo, la mente imaginativa no se rige por las mismas reglas y puede viajar del pasado al presente y al futuro y viceversa, o en desorden, en milésimas de segundos. En función de la manifestación, esta última habilidad es la que nos importa.

Tú y yo estamos viviendo en el presente y lo que hemos manifestado hasta este momento es el resultado de las experiencias vividas hasta ahora. Como bien dicen: "Se cosecha lo que se siembra". Esto es muy importante, porque satisfactoria o no, nuestra vida es el resultado de las decisiones y acciones que hemos tomado hasta hoy. Es decir: somos el efecto de nuestras propias causas.

Solo que si continuamos poniendo las mismas semillas del pasado que generaron nuestro presente, llegaremos a un futuro casi con los mismos resultados que tenemos hoy. Nuestro "yo del futuro" experimentará casi los mismos pensamientos y emociones que nuestro "yo del pasado" tuvo y que nuestro "yo del presente" tiene. Y si digo "casi" es porque también recibimos impactos e información del mundo exterior que nos afectan y modifican nuestra existencia. Es importante recalcar que no podemos obtener resultados diferentes haciendo las mismas cosas. Si las causas no se modifican, tendremos el mismo efecto. Por tanto, si seguimos alimentando nuestro presente con las creencias limitantes del pasado, nuestra vida se mantendrá igual que ahora. Si somos felices, está bien, pero si no, es esencial subir de nivel y llevar a cabo una manifestación consciente para no vivir frustrados o a medias el resto de nuestra vida.

Para hacerlo hay que enseñarle a nuestra mente que existen otras posibilidades de acción. Tenemos que estimularla con pensamientos positivos y emociones de alta frecuencia para conducirla más allá de lo que ha experimentado hasta este momento. Y esto es posible cuando activamos a nuestro "yo del futuro" en el presente. Suena a una locura, pero no lo es. Ya lo hiciste cuando envisionamos con el coche de tus sueños. Tú te viste en el futuro manejando un auto nuevo y tu cuerpo estaba aquí en el presente.

Debemos mostrarle a nuestra mente un futuro que aún no existe en el mundo físico, pero sí en nuestra imaginación sentida. Un futuro lleno de posibilidades y oportunidades nuevas, un futuro que nos entusiasma y que podemos percibir en todo nuestro cuerpo como si ya existiera. Un futuro que diseñamos e imaginamos desde el presente de forma consciente para que, más adelante, nuestro subconsciente nos lleve a recoger la cosecha de lo ya sembrado. Al hacerlo, no partimos de lo que sintió nuestro "yo del pasado", sino de lo que siente el "yo del futuro", aunque en el presente no haya evidencias de eso que envisionamos. Vamos del efecto a la causa. Del final al punto de arranque.

Usar nuestro "yo del futuro" experimentando el deseo cumplido y agradecido es base de la manifestación consciente y nos acerca al cumplimiento de nuestros sueños. Es crear el futuro desde el mismo futuro, es convertirnos y SER eso que deseamos como si ya fuera un hecho, pero con los pies bien puestos en el presente para enseñarle a nuestra mente y a nuestro cuerpo hacia dónde deben dirigirse. Es importante hacerlo con absoluto desapego y certeza durante el tiempo necesario, hasta que comencemos a VER su manifestación en la realidad, porque esa semilla del futuro que pusimos en el presente ya es real en el ámbito de lo no visible y, tarde o temprano, encontrará su camino de manifestación.

Esta es una práctica que muchos entrenadores de alto rendimiento utilizan para mantener el foco de sus atletas y conseguir excelentes resultados. Por medio de la meditación, llevan a sus deportistas a visualizarse y emocionarse al máximo cuando cruzan la meta, hacen la anotación del gane o establecen un nuevo récord.

Como bien dicen: "Debemos convertirnos en alguien que nunca hemos sido antes para tener y lograr algo que nunca hemos tenido y logrado". Tenemos que SER en el presente ese que ya SOMOS en el futuro.

Actividad 8

Si tuvieras en tu vida eso que deseas hoy, ¿cómo imaginas que serías en un mes, en seis meses, en un año?

Cierra tus ojos, relájate, deja que tu imaginación te muestre la respuesta y ve sintiendo la emoción que te provoca ya estar en cada periodo de tiempo. Disfruta. Deja que tu cuerpo sienta y vibre con tu "yo del futuro" conforme el deseo se va manteniendo en el tiempo. Hazte consciente de que tienes la capacidad de sentirlo aún sin tenerlo.

Reto

Sostener y recrear la emoción máxima en el presente aun y cuando ya estemos fuera de la envisión. Debes entrenar tu mente y emociones para hacerlo; eso elevará tu vibración. Mantén el entusiasmo, la inspiración y el agradecimiento del deseo cumplido en tu día a día, sintiéndolo en todo el cuerpo. Recuerda que "lo que vibra igual, se atrae".

Te comparto que, como escritora de telenovelas, existe una fórmula que puede servir para explicar el proceso de escritura: desde el minuto uno de la historia, el espectador conoce el final. El amor triunfa y los protagonistas unirán sus vidas. Como de antemano ya sabemos que es un final amoroso y esperanzador, nos sentamos por más de cien horas a ser testigos de la manera en que la pareja principal vence todos los obstáculos que se le presentan para el triunfo de su relación. Así que, desde ese final que ya imaginaste como escritor, comienzas a construir la historia. Al principio los personajes no se conocen, incluso pueden odiarse o puede haber muchas situaciones que obstaculizan y limitan su amor. Lo mismo sucede en la construcción de cada capítulo: primero diseñas el final, con la idea de despertar en la audiencia el deseo de saber qué sucederá en el siguiente, y luego vas escribiendo la manera de llegar a él. Vas del final al principio en el diseño de cada capítulo y de la historia. Vas del futuro al presente, el mismo efecto causado al envisionar.

Como bien lo explica el especialista en neurociencia Joe Dispenza, según los últimos descubrimientos en neurociencia, puedes cambiar tu cerebro solo con pensar diferente. En el momento en el que empiezas a pensar de una forma distinta en cuanto a quién eres y haces un ensayo mental de lo que será tu nueva vida, tu cerebro comienza a encender una nueva secuencia de patrones y combinaciones neuronales que lo convierten ya no en una grabación del pasado, sino en un mapa del futuro.

Al envisionar encarnamos la energía de nuestra vida futura y nuestro cuerpo buscará en el presente la forma de recrear la emoción que experimentamos para sentirnos tan felices, agradecidos y apasionados como ya lo "vivimos y sentimos" con la imaginación. De esta manera, reprogramamos nuestro subconsciente para que se alinee con una nueva identidad que empezará a ser parte de nosotros. Si durante este proceso te es complicado imaginar con lujo de detalle, sube al máximo tu sentir para enseñarle a tu mente, corazón y cuerpo lo que tu deseo materializado te provoca.

Yendo al futuro y habitándolo, condicionamos a nuestra mente, la *hackeamos* e introducimos una nueva manera de pensar en el subconsciente, y como este no sabe si lo que estamos creando es realidad o no, comienza a actuar en resonancia con eso que empieza a "ver". Es sembrar diferente para cosechar diferente.

En nuestro "yo del futuro" se encuentra el principio de la manifestación.

Imagina: si supieras que en trescientos sesenta y cinco días ya habrías conseguido lo que sueñas, ¿cómo te sentirías?, ¿cómo caminarías?, ¿cómo hablarías?, ¿cómo actuarías hoy?

Convertirnos en el presente en la versión de futuro de nosotros mismos que ya tiene lo que deseamos antes de que llegue nos hace vibrar alto. Cuando cambias tu energía, todo se alinea y el universo responde. Mientras se materializa, no debemos colocarnos en la espera, sino en la certeza. No en la ansiedad, sino en la confianza. No en la incertidumbre, sino en la seguridad, porque no es: "Cuando lo tenga, seré feliz". Es: "Ya soy feliz porque ya lo tengo", aunque aún no lo veamos. Es vivir desde la frecuencia y vibración de lo que queremos, para que, tarde o temprano, se manifieste.

Fórmula de la manifestación					
Actual	Pensamiento positivo/negativo	+	emoción alta/baja frecuencia		
Consciente	Pensamiento positivo	+	emoción de alta frecuencia	+	envisión
Divina	Pensamiento positivo	+	emoción de alta frecuencia	+	envisión

DEFINICIÓN DE LOS DESEOS

Antes de continuar conociendo el resto de los elementos esenciales de la manifestación, tus deseos deben estar claros y bien definidos, así que retomémoslos.

En la actividad del punto B del capítulo "Brecha" que realizaste sobre los sueños que deseas manifestar, lo hiciste de manera libre y no consciente. Los escribiste en tu cuaderno especial tal cual fluían de tu mente y tu corazón, pero ahora toca regresar a ellos, redefinirlos, darles claridad y priorizarlos.

Por tanto, te pido que vayas a tu lista de deseos, la leas con calma y tranquilidad. A la distancia y con el conocimiento adquirido hasta ahora, haz un análisis de tus sueños y cuestiónate:

- ¿Son cien por ciento los deseos que quieres manifestar?
- ¿Estos deseos son un reflejo de una necesidad creada por una creencia limitante o tienen como base una creencia empoderadora?
- ¿Quieres el objeto y hecho en específico o lo que te hace sentir?

Esta aclaración es importante porque:

- ¿Para qué manifestar una relación si vas a seguir sintiéndote sola, porque tu poco amor propio no te hace sentir segura?
- ¿Para qué manifestar una cuenta bancaria de millones, si no te vas sentir abundante?
- ¿Para qué manifestar un coche de lujo, si no te vas a sentir respetado?

Muchas veces, al obtener aquello que deseamos, sentimos una alegría súbita e instantánea que nos invade, pero que nos es difícil sostener en el tiempo, ya que en cuanto nos acostumbramos o damos por hecho lo logrado, la emoción va perdiendo fuerza o se esfuma. Mientras que, cuando el deseo está acompañado por una emoción de alta frecuencia, el logro nos provoca mayor felicidad y es más duradero. Por ello es que:

- Tener la casa que deseamos cobra mayor importancia cuando se vuelve un hogar que nos hace sentir protegidos y contenidos.
- Tener la relación de pareja que deseamos cobra mayor importancia cuando se vuelve nuestro lugar seguro y de conexión.
- Tener el trabajo que deseamos cobra mayor importancia cuando es nuestra fuente de entusiasmo y creatividad.

Ya sabemos el impacto que tienen los pensamientos positivos y las emociones de alta frecuencia en el proceso de manifestación, por tanto, es importante enfocarnos en mantener nuestra vibración en alto para crear la vida que soñamos y sostenerla en el tiempo.

Así que pon a prueba cada uno de tus sueños, pregúntate y contéstate con toda sinceridad: ¿estoy cien por ciento seguro de que eso que quiero lo deseo con todo el corazón? Cuando lo manifieste, ¿cómo voy a sentirme?, ¿qué de bueno traerá a mi vida eso que deseo?

Elimina los deseos que hayan perdido su importancia y añade algunos nuevos que te apasionen. Te sugiero que elijas entre uno y cinco para iniciar este proceso.

Cuando sabes lo que realmente quieres y cuando piensas, sientes y actúas en consecuencia, el proceso de manifestación es más rápido, pues está alineado a tu verdadero ser. Si existe en tu corazón, existe en tu consciencia.

Ahora realiza una actividad.

Actividad 9

Date un tiempo, ve a tu lugar especial, respira profundo y relájate. Mantén el corazón abierto y la mente clara:

1. Envisiona. Deja volar tu imaginación y enciende tu cuerpo y tus emociones con tu deseo. Activa tus cinco sentidos, como si tus imágenes ya fueran una realidad, como si eso que deseas ya estuviera cumplido.
2. Entrégate a tu "yo del futuro" sin juicio, sin duda. Si llega algún pensamiento que te diga: "Pero qué tontería estás haciendo", obsérvalo, déjalo ir y regresa a la imagen poderosa que has creado, en donde ya eres ese "yo del futuro" que está experimentando la máxima emoción al ver su deseo cumplido. Imagina la intensidad los colores, siente las texturas, activa en tu cuerpo las sensaciones y deja que te invadan en el presente las emociones que está viviendo tu "yo del futuro". Mantente en este estado el mayor tiempo posible.
3. Respira de manera consciente y permite que la energía creada se integre a tu cuerpo.
4. Agradece al máximo el deseo cumplido.
5. Haz los mismos pasos con cada uno de tus deseos. En ocasiones, podemos reunir todos los deseos en una misma envisión si estos están interrelacionados. Si no es así, haz uno a uno.
6. Una vez que termines, es hora de escribirlos en tu cuaderno especial y debes hacerlo de la misma forma

que lo hicimos con las afirmaciones: en presente, de manera positiva, detallada, de acuerdo con las emociones que te provocan, como si ya estuvieran ocurriendo en el presente y agradeciendo con todo tu corazón. Tal como si tu "yo del futuro" lo estuviera haciendo. Esta es la técnica del *scripting*, que permite darle instrucciones precisas a tu mente subconsciente. Así que empieza por escribir la frase: "Todo lo que escriba en este cuaderno especial se manifiesta". Después: "Estoy tan agradecido por..." (y ahí pones tu vida ideal). Y cierras con: "Gracias, gracias, gracias".

7. Pon tu nombre, fecha y firma.

Además del *scripting*, existen otros ejercicios que nos ayudan a definir con claridad nuestros deseos e inducir nuestra mente al campo de las posibilidades para su manifestación.

Si crees que te es difícil imaginar con los ojos cerrados, puedes llevar a cabo otra opción con los ojos abiertos para visitar a tu "yo del futuro". Toma tu cuaderno especial y como si le estuvieras escribiendo a tu mejor amigo, cuéntale cómo será tu vida en tres años (o el tiempo que decidas), pero como si ya estuviera ocurriendo, en tiempo presente y con todo aquello que deseas hoy. Hazlo con lujo de detalle. Escribe cada palabra con consciencia y ve sintiendo lo feliz y realizado que estás por tener ya la vida de tus sueños. Ejemplo:

> ¡Qué crees! Estoy viviendo en la casa que siempre quise: tiene tres cuartos, una chimenea, un jardín para mis perros y una terraza increíble. Tengo una relación hermosa. Mi pareja me ama, me consiente y es tan generosa. Además me acaban de ascender en mi trabajo. Soy líder de los proyectos más importantes y me aumentaron el sueldo el veinte por ciento. Estoy feliz viviendo la mejor etapa de mi vida. ¡Estoy tan agradecido con Dios!

Después de escribirla, relee la carta por al menos veintiún días y emociónate al máximo cada vez que lo hagas. Escribe tantas cartas como lo desees.

Otra opción de esta misma inducción para nuestro subconsciente es instalar en tu grupo de amigos la idea de hacer conversaciones del "futuro en el presente", en las que todos se cuenten su futuro en tiempo presente y agradeciendo los deseos ya cumplidos. Este ejercicio es sumamente divertido y estimulante.

Ahora sí, una vez clarificados tus deseos, es momento de adentrarnos al cuarto elemento esencial del proceso de manifestación: la acción.

10
ACCIÓN

La acción es el lenguaje del mundo físico. Es la decisión de ponernos en movimiento. Esta debe tener una intención y dirección clara que nos conduzca a una meta precisa. De no ser así, esta puede convertirse en una fuga de energía que nos lleve a dar tumbos hacia distintos rumbos o a procrastinar, lo que retrasa o impide la manifestación.

Los seres humanos somos hacedores por naturaleza y este proceso necesita de la acción para materializar eso que deseamos en la realidad. Se dice que somos arquitectos de nuestro destino, pero también somos los albañiles que tenemos que ir poniendo los ladrillos y la mezcla para construir nuestro castillo. Al ser cocreadores con el universo de nuestra realidad, tenemos un rol muy importante, tanto en la manifestación consciente como en la divina.

Ahora que tienes clara la manera en la que has manifestado la vida que has construido hasta hoy y cómo al sostener pensamientos negativos y emociones de baja frecuencia te conviertes en el principal obstáculo para crear una vida mejor, es importante instalar una nueva forma de pensar y sentir a partir de la cual te alinees con tu "yo del futuro", pues así es como tu sesgo de confirmación se activará, te permitirá ver oportunidades en donde antes percibía solo obstáculos y te motivará a actuar.

Si, por ejemplo, tu deseo es tener un millón en el banco y ya le mostraste a tu "yo del presente" cómo lo vive tu "yo del futuro", de tus pensamientos, emociones y acciones dependerá manifestarlo. El dinero no se va a materializar de la nada, ni de un día para otro van a aparecer los fajos de billetes sobre tu cama, como tampoco te llamará tu asesor financiero para decirte que apareció de manera mágica y sorpresiva en tu cuenta bancaria, pero lo que sí va a suceder es que, al tener definida tu intención, tu percepción se activará y comenzará a detectar en la realidad la manera de acercarte a la manifestación de tu deseo, mostrándote opciones que antes no veías aunque estuvieran frente a ti. Por ejemplo: encontrarás un excelente trabajo muy bien remunerado, descubrirás en ti nuevas capacidades o te cruzarás con una persona que quiera asociarse contigo. Es decir, se abrirán ante tus ojos nuevas posibilidades que te motivarán a entrar en acción.

Para tener una acción eficiente se requiere tener una intención clara que dirija nuestra energía, así como el diseño de una estrategia o plan, ya que deberás tomar decisiones y medidas que te irán acercando a la manifestación consciente de tu deseo. En este plan de acción debes definir objetivos, necesidades y pasos a seguir para la materialización de tu sueño.

Las acciones no necesariamente deben generar cambios de ciento ochenta grados, porque muchas veces nos es imposible sostenerlas. Al principio puede ser fácil hacerlo, pero se requiere de constancia, voluntad y perseverancia para mantenerlas en el tiempo. Es preferible ir paso a paso, con una intención definida y tomando una acción a la vez, que hacer un giro radical que queme toda nuestra energía y se acabe pronto. El viaje es tan importante como llegar a la meta.

Debemos hacernos responsables de la parte que nos toca en la manifestación e irla construyendo. No podremos materializar una vida diferente si seguimos actuando de manera errática y sin tomar las decisiones y acciones necesarias.

Veamos cómo definir nuestras acciones.

1. DESEO: Deseo tener un cuerpo esbelto y sano.
   INTENCIÓN: Tener un cuerpo sano y esbelto.
   ENVISIÓN: Ya me vi y me sentí, a través de mi "yo del futuro", en ese cuerpo esbelto y sano. Peeero... si sigo comiendo lo mismo que me llevó a tener sobrepeso, me quedo acostada todo el día y consumo más carbohidratos, harina y azúcares, ¿crees que alcanzaré mi deseo? ¡Por supuesto que no! Mi mente y mi cuerpo ya recibieron la indicación. Mi percepción ha visto en el mundo real gimnasios, comida sana, información relevante para ayudarme en mi proceso, pero yo no he movido un dedo, así que es necesario tomar acción.
   ACCIÓN: Debo reforzar la intención y hacer uso de afirmaciones diarias. Al comer, decretar: "Este alimento me nutre, acelera mi metabolismo y me adelgaza". Al bañarme: "Le permito a mi cuerpo eliminar la grasa que no necesita". Al hacer ejercicio: "Mi cuerpo se tonifica con cada movimiento". De esta manera, mantendré mi mente en foco y me sentiré emocionada. Peeero... también debo moverme. Tengo que tomar

acción física: llevar una alimentación balanceada y hacer ejercicio cinco días a la semana para alcanzar mi objetivo.

2. Deseo: Tener una pareja estable y amorosa.
   Intención: Tener una pareja estable y amorosa.
   Envisión: Ya me vi y me sentí, a través de mi "yo del futuro", en esa relación de pareja estable y amorosa. Peeero... si todos los días voy del trabajo a la casa y de la casa al trabajo, si no salgo a conocer nuevos sitios, si no estoy en una red social, si prefiero ver una serie que salir con mis amigos, si opto por andar fachosa que arreglarme, ¿crees que alcanzaré mi deseo? ¡Por supuesto que no! Será difícil hacerlo si no actúo de manera diferente.
   Acción: Debo salir de mi rutina, aceptar invitaciones a cualquier evento, explorar en redes, decirles a mis amigos que me presenten a otros solteros, trabajar en mi amor propio y autoestima.

3. Deseo: Ser un escritor bestseller.
   Intención: Ser un escritor bestseller.
   Envisión: Ya me vi y me sentí, a través de envisionar con mi "yo del futuro", como un autor bestseller. Peeero... no he tomado un curso de literatura, no tengo un tema en específico sobre el cual escribir, no he vencido el miedo de la hoja en blanco y postergo escribir una sola línea. ¿Crees que con esto alcanzaré mi deseo? ¡Por supuesto que no! Urge que me ¡muevaaa!

> ACCIÓN: Para ser escritor lo primero que debo hacer es escribir, más allá de si lo hago con buena ortografía y redacción perfecta. Escribir para plasmar mis ideas, generar contenido y luego darle la forma narrativa idónea. En pocas palabras: llevar la intención a la acción y con ello a la manifestación.

No importa el paso por el que empieces, pero muévete. Quita uno a uno tus bloqueos y ponte una estrellita por cada pequeña acción que realices y que te lleve a acercarte a tu meta. Cuando te falte fuerza y dirección, frena, revisa si no hay alguna creencia limitante, luego refuerza tus pensamientos positivos y acompáñalos de emociones de alta frecuencia para envisionar eso que deseas con tu "yo del futuro". Una vez que hayas recargado la pila de la voluntad, continúa con el proceso moviéndote en una acción intencionada. Esto puedes hacerlo cuantas veces sea necesario, pues tener esta técnica como un hábito es de las mejores cosas que te puedes regalar.

A nivel práctico, te sugiero analizar cada uno de tus deseos e intenciones y, con toda honestidad, examinar qué está en tus manos hacer para concretarlos. En qué puedes, de manera responsable, consciente e inspirada, colaborar con la vida para su materialización; a quién tienes que llamar o acercarte para recibir un consejo; de quién tienes que alejarte para que no te meta ruido; cuáles son los caminos de acción a tomar, porque ya sabemos que no hay un solo camino, sino que debemos abrirnos al mundo de las posibilidades y alejarnos de la idea de que todo tiene un orden, una sola vereda. Mientras más envisiones, mientras más fuerza le des a tu "yo del futuro", más fácil te será *ver* el o los caminos a tomar para la manifestación de tus sueños.

Ve qué depende de ti y de tu voluntad hacer, y hazlo. Diseña un plan o estrategia para cada deseo e intención que tengas y entra en acción.

Puedes realizar un *vision board*, un pizarrón en el que puedes poner imágenes estimuladoras que te ayuden a tener presente tu deseo, pero también es vital hacer un *action board*, un pizarrón con todas las acciones y tiempos definidos que te lleven a hacer realidad tus deseos. La intención siempre debe ir acompañada de una energía de resolución, con acciones que te conduzcan a la materialización de tu deseo.

Define los ocho primeros pasos que te acerquen a la creación de eso que sueñas y que está bajo tu control. Luego desmenuza cada paso y busca las ocho pequeñas acciones que lo conforman y marca los tiempos de acción y ve concretando una a una.

Veamos un mismo ejemplo en los dos primeros niveles de manifestación y notemos las diferencias en lo que a la acción se refiere:

MANIFESTACIÓN ACTUAL

DESEO: Quiero una casa.

VISIÓN: Con base en mi "yo del pasado", jamás he tenido una casa y me es difícil imaginarme en ella.

CREENCIAS LIMITANTES: "Yo no merezco una casa", "Soy un iluso si creo que tendré el dinero para comprarla", "El dinero no se da en las macetas y es muy difícil generarlo".

Pensamientos negativos: Soy un estúpido por soñar tan alto.

Emociones: Frustración, tristeza y depresión.

Intención: Quiero una casa nueva, pero aún no tengo el dinero para obtenerla.

Estrategia/Plan: No existe. Donde está mi atención está mi energía, y mi energía está dirigida a la escasez en la que vivo, lo que impide que mi percepción detecte cualquier posibilidad de acción.

Intención: Quiero una casa, pero no tengo dinero.

Acción: No tomo ninguna decisión, ni tampoco realizo alguna acción.

Resultado: No manifiesto una casa.

MANIFESTACIÓN CONSCIENTE

Deseo: Quiero una casa.

Envisión: Con mi "yo del futuro", ya me vi y me sentí teniéndola.

Creencias empoderadoras: "Yo merezco una casa", "Tengo la certeza de que es para mí", "Soy generador de mi propia abundancia", "El dinero es una energía que llega a mí con facilidad".

Pensamiento positivo: Es la casa que merezco y ya la estoy disfrutando al máximo.

Emociones: Entusiasmo, ilusión y felicidad.

Pensamiento positivo: Es la casa que merezco y ya la estoy disfrutando al máximo.

Emociones: Entusiasmo, ilusión y felicidad.

Intención: Quiero una casa nueva, pero aún no tengo el dinero para obtenerla.

Estrategia/plan: En donde está mi atención está mi energía, así que, a través de mi percepción, la dirijo al campo de las posibilidades y creo una estrategia que me conduzca a manifestar mi deseo para obtener el dinero mediante acciones que me acerquen a su materialización: *1)* checo mis ahorros, *2)* analizo los préstamos bancarios, *3)* proyecto mi carrera a futuro para fortalecerla y tener un mayor sueldo, *4)* vendo otra propiedad, *5)* le pido el dinero a un amigo o familiar con un menor interés, *6)* hipoteco otro bien, *7)* organizo diferentes préstamos con diferentes fechas de pagos, *8)* vendo las joyas de la familia.

Acción: Analizo y elijo, dentro de estas posibilidades, con cuál voy a iniciar y actúo para lograr mi objetivo definiendo los nuevos ocho pasos de la primera acción que elegí.

Resultado: Manifiesto la casa de mis deseos.

La *manifestación consciente* nos lleva a concretar nuestro deseo a través de nuestras acciones, mientras que la *manifestación actual* puede limitarnos a hacerlo y, en muchas ocasiones, ni siquiera llevarnos a la acción.

Más adelante retomaremos este mismo ejercicio con el nivel de la manifestación divina.

Fórmula de la manifestación								
Actual	Pensamiento positivo/ negativo	+	emoción alta/baja frecuencia	+	acción positiva/ negativa		
Consciente	Pensamiento positivo	+	emoción de alta frecuencia	+	envisión	+	acción positiva
Divina	Pensamiento positivo	+	emoción de alta frecuencia	+	envisión	+	acción positiva

Recuerda:

1. Define tu deseo de forma clara y precisa.
2. Deja atrás tu vieja historia y el personaje con el que te identificas hoy.
3. Crea y encarna a tu "yo del futuro". En él siempre está la mejor versión de ti.
4. Si aparece un pensamiento negativo que te frene, páralo y cámbialo por uno positivo. Si aparece la duda o el miedo, conviértelos en una emoción positiva que suba tu frecuencia.
5. Conduce tu mente, tus emociones y todo tu cuerpo a ser en el presente tu "yo del futuro" y, desde ese estado del ser, toma acción.
6. No esperes a que la vida cambie, primero tienes que sentirte y ser diferente.

7. Al cambiar tus pensamientos y emociones negativas, tu vibración cambia y tiene una frecuencia más alta que atraerá a aquello que vibra igual.

TÉCNICAS PARA EL SUBCONSCIENTE

Antes de hablarte de la manifestación divina, te comparto otras técnicas para reprogramar nuestro subconsciente que tienen la misma intención de subir tu frecuencia.

El neurocientífico Andrew Huberman y la doctora Martha Beck han dado a conocer la visualización del "día perfecto" para reprogramar nuestra mente, el cual consiste de cuatro pasos:

1. Acuéstate con los ojos cerrados entre 10 y 30 minutos. Relájate hasta entrar en ondas alfa o theta e imagina y siente cómo sería tu día perfecto, con el mayor detalle y emoción y sin ninguna limitación (envisionar).
2. Anota en un cuaderno lo que haya creado tu mente con el mayor detalle posible, incluyendo tus emociones (*scripting*).
3. Graba el relato.
4. Escúchalo todos los días.

Huberman afirma que, al reprogramarlo, tu subconsciente te llevará a actuar en consecuencia de lo deseado.

Por su parte, el conferencista internacional Joe Dispenza refuerza, con su amplio conocimiento en este tema, los pasos que conlleva la manifestación:

- Tener una intención clara que lleve a nuestro cerebro a pensar de manera diferente.
- Inspirarnos al llevar a nuestro cuerpo a sentir cómo sería vivir nuestro deseo en el futuro.
- Llevar a nuestra mente, mediante la meditación, al campo de las posibilidades para crear nuestro deseo.

Y, por supuesto, en la era de la inteligencia artificial, también encontramos herramientas que nos permiten crear la imagen clara que necesitamos introducir en nuestro cerebro, llevando a cabo los siguientes pasos:

1. Escribir lo que deseamos con lujo de detalle.
2. Hacer una lista de propósitos y objetivos detallados que deseamos manifestar.
3. Escribir el retrato ideal de nuestro "yo del futuro".
4. Introducir esta información a la inteligencia artificial y pedirle que, como el mejor psicólogo y *couch* de vida, nos describa lo que sería "un día perfecto" con base en esta información.
5. Leer "ese día perfecto" y emocionarnos al hacerlo hasta que se manifieste.

DE LA MANIFESTACIÓN CONSCIENTE A LA MANIFESTACIÓN DIVINA

Nuestras acciones tienen como resultado la manifestación consciente de nuestros sueños, pero hay deseos que requieren de la manifestación divina.

Como hemos visto, nosotros solo tenemos control sobre lo que pensamos, decimos, sentimos y actuamos, y todo ello tiene que estar alineado con nuestro deseo. Es nuestra responsabilidad echarnos el clavado interno y trabajar con el subconsciente para llevarlo al consciente y, así, generar una mayor vibración y frecuencia energética.

En tanto que "atraemos lo que somos", no lo que queremos y necesitamos, tenemos que convertirnos en "eso" que deseamos, vibrar como él y tomar acción en el mundo físico hasta materializarlo. Y al hacerlo podemos manifestar muchos de nuestros deseos, pero hay algunos sueños que solo los puede manifestar el Universo. Cuando ya no depende de nosotros y no está en nuestras manos darle vida, debemos permitir que la Fuerza Creadora entre en acción.

Con el Universo en juego, se activa la manifestación divina, en la que nosotros ponemos el cien por ciento, que equivale al cincuenta por ciento cuando cocreamos con el Universo, que pone el otro cincuenta por ciento. De esta manera, permitimos que se encienda la magia y el misterio del Universo del que somos parte, del somos uno con Él y, por tanto, juntos nos convertimos en cocreadores de nuestros deseos.

11
UNIVERSO

¿Alguna vez has sentido que eres parte de algo más grande que tú? Somos parte de un universo, de una consciencia cósmica, de una Fuerza Creadora que no puede ser vista, pero que tiene una energía sutil que podemos sentir, percibir y experimentar y que se manifiesta en nuestra vida a través de las leyes que lo rigen.

Dentro de la fórmula de la manifestación, el Universo es el quinto elemento esencial y comanifiesta la realidad con nosotros. Hasta hace relativamente poco tiempo somos conscientes de él y de su gran influencia, pues este conocimiento solo pertenecía a unos cuantos y era una sabiduría que se transmitía de boca en boca y con absoluta secrecía. Pero hoy, por fortuna, las leyes de esta mágica Fuerza Creadora están a nuestro alcance y esto nos permite complementar nuestra visión y conocimiento sobre el rol que juegan en el maravilloso mundo de la manifestación.

Cabe destacar que este Universo no tiene nada que ver con el mundo de las religiones ni con el Dios en el que cada uno crea o no crea. El Universo al que me refiero es el inicio y el fin, es la nada y el todo, es el absoluto. Es el inmenso mar del que somos parte y de cuya energía estamos hechos. Es la Fuerza Creadora de todo lo que existe.

Entender las leyes bajo las que se conduce, nos ayuda a comprender hasta dónde nosotros manifestamos y hasta dónde hay una fuerza más grande que nosotros que dirige nuestra existencia y que cocrea nuestra realidad. Hasta dónde hay un destino predeterminado y hasta dónde existe nuestro libre albedrío. Hasta dónde somos responsables de manifestar nuestros sueños y deseos, y hasta dónde interviene el Universo ejerciendo sus propios tiempos y redireccionando nuestra vida.

Ante esto, hay quienes pierden el ánimo durante el proceso de la manifestación y se cuestionan: "¿Por qué, a pesar de mis acciones conscientes, no manifiesto lo que deseo justo cuando lo deseo?", "¿Por qué, a pesar de hacer lo que me corresponde durante el proceso, la vida me lleva hacia otro lado?", "¿Por qué se me presentan sorpresas del destino que me cambian la jugada?". Como yo misma me hice estas preguntas, te pido que sigas leyendo y juntos nos adentremos en el misterio del Universo para entender el papel que juega en nuestra existencia y para saber por qué, después de hacer lo que nos toca a nosotros en el proceso de manifestación, debemos entregarle nuestros sueños y deseos cuando reconocemos que hay un plan más elevado que solo busca nuestro más grande beneficio.

DESTINO

El destino es parte de las acciones que manifiesta el Universo sin que nuestra voluntad entre en juego. Existe una palabra en árabe que lo describe a la perfección: *Maktub*, que significa "estaba escrito", en tanto que lo que está destinado a ocurrir siempre encuentra la forma única, mágica y maravillosa para manifestarse, ya que todo lo que pasa ocurre por algo.

Es innegable que hay situaciones y experiencias que nos ocurren por destino, en las que nuestro libre albedrío no participa. Simplemente suceden y son parte de los designios de una consciencia superior que tiene un plan más grande del que tenemos nosotros.

Somos parte de una gran película en la que nuestro desafío es aprender a sostenernos en una alta vibración y consciencia. En donde solo tenemos el control, como ya lo hemos visto, de nuestros pensamientos, emociones y acciones, porque fuera de nuestro mundo interior ocurren acontecimientos de los que no nos podemos escapar. Simplemente las situaciones se presentan y tenemos que vivirlas, aunque cómo las interpretemos y cómo las enfrentemos sí depende de nosotros.

Se dice que a esta vida vinimos a evolucionar y que, desde antes de encarnar, nuestras almas decidieron los aprendizajes y cruces con otras almas que experimentarían, y por ello es que nacemos con un cuerpo determinado, dentro de una familia y en un país que nos mostrará a las personas y los escenarios necesarios para nuestro aprendizaje. Aunque tú tienes la libertad para creer en ello o no, es claro que este es uno de los misterios del Universo que hay que poner sobre la mesa para entender el papel que el destino juega en nuestra vida y cómo define nuestra existencia.

Esta Fuerza Creadora podrá materializar los deseos que no estén en nuestras manos manifestar, pero también la forma en que estos irán cobrando vida, así como el resultado final y el tiempo exacto en el que lo harán. Esto, a su vez, es parte de nuestro destino y de las cosas que ya están escritas y ante las cuales solo hay que rendirnos y aprender a fluir.

LOS CÓMOS DEL UNIVERSO

En cuanto a la manifestación divina, es necesario dejar de querer controlar el proceso de materialización y, después de haber hecho lo que nos corresponde, debemos soltar y dejar que las cosas fluyan y sucedan. Puede ser una tarea muy difícil de llevar a cabo, pero es necesaria, porque aunque intentáramos hacerlo no tendríamos éxito. Nuestra área de acción y manifestación llega solo hasta un punto y con ella alcanzamos algunos de nuestros deseos, pero hay otros que, al no concretarse como lo planeamos, debemos dejárselos al Universo, con la fe y la certeza absoluta de que la semilla que ya sembramos dará frutos porque él siempre buscará nuestro más alto bien.

Tener fe es comprar la podadora aunque todavía no tengamos el jardín. Es tener el convencimiento de que una vez alcanzado el estado del ser de lo que queremos manifestar, este se irá concretando en el tiempo.

Es importante eliminar toda expectativa del resultado y del cómo se irá dando, porque esto solo limita el proceso y nos conduce a un camino de desesperación, desilusión y estrés cuando las cosas no suceden exactamente como las diseñamos.

Debemos permitir que la magia de la manifestación ocurra y que el Universo defina sus cómos y su plan de acción sin dudar, porque esto solo bloquea la energía. La semilla necesita su tiempo para germinar y el proceso ya inició. No porque no lo veamos ahora significa que no se convertirá en el fruto que vamos a cosechar.

Mantengamos la certeza en el proceso y alimentemos nuestra vibración de alta frecuencia con emociones y pensamientos positivos. Entusiasmémonos al saber que la materialización de nuestro deseo ya existe, aunque nuestros ojos no lo vean todavía y los cómos y tiempos del Universo nos desconcierten, porque puede ser que la Fuerza Creadora esté actuando muy lejos del plan que nosotros hubiéramos seguido. Pero créeme el Universo sabe "cómo" hacerlo, además de tener la estrategia de acción completa y perfecta que al final entenderemos.

Permitamos que lo intangible se vuelva visible y no obstaculicemos el camino con dudas y queriendo controlar lo que no está a nuestro alcance.

Confiemos en el Universo.

EL TIEMPO DEL UNIVERSO

¿Has oído la frase que dice que los tiempos de Dios son perfectos? Bueno, es verdad, y, en este caso, Dios y el Universo son sinónimos, más allá de la religión que se profese.

Estamos tan centrados en nosotros mismos y condicionados por un ego que cree que lo controla todo que, a veces, pensamos que en realidad nosotros manejamos lo que nos sucede y el tiempo en el que ocurre, pero no es así. Cuando estamos en el nivel de la manifestación consciente y realizamos una estrategia con tiempos específicos, podemos tener cierto control para conseguir nuestras metas y objetivos, pero cuando se trata de la manifestación divina los tiempos son de Dios y no están bajo nuestro control. El Universo tiene su propio ritmo y debemos aceptarlo. Él, con su sabiduría infinita, sabrá el mejor momento de entregarnos en la realidad eso que tanto deseamos.

Somos muy impacientes y lo queremos todo a nuestra voluntad, y más en el momento actual en el que vivimos, en el cual la cultura de la inmediatez está en boga. Queremos algo y en unos segundos podemos conseguirlo con tan solo un clic: deseamos comunicarnos con alguien y le enviamos un mensaje, que recibe en cuanto lo enviamos; queremos deshacernos de una cosa, la tiramos y la reponemos al instante. Pero no podemos hacer lo mismo en el proceso de manifestación divina.

Durante el tiempo de espera, debemos fortalecer la fe e impedir que la duda, la impaciencia y la desesperación interrumpan el flujo de energía manifestadora y se provoquen retrasos o bloqueos, porque solo es la certeza interna del deseo cumplido lo que acelera la manifestación. Es encargarnos de mantener nuestra alta vibración y soltar.

Debemos aceptar que el tiempo del Universo sí es perfecto. Las cosas suceden cuando tienen que suceder para nuestro más alto bien. Y, mientras estas se manifiestan, debemos mantener en coherencia y alineación nuestro pensar, sentir y actuar.

LAS LEYES DEL UNIVERSO

El Universo se rige por muchas leyes, pero hay tres que son las más importantes en lo que se refiere al proceso de la manifestación:

1. Ley de la atracción
2. Ley de la vibración
3. Ley de causa y efecto

De alguna manera, ya las hemos mencionado, pero saber que pertenecen al Universo te ayudará a entenderlas mejor.

Ley de la atracción

Lo similar se atrae de manera natural. Nuestra mente es un imán que atrae las experiencias y personas que están en armonía con nuestros pensamientos y emociones. De ahí que atraigamos lo que somos, no lo que queremos o necesitamos.

El poder del pensamiento está ligado a la ley de la atracción. Los pensamientos positivos atraen resultados positivos y los pensamientos negativos atraen resultados negativos.

Ley de la vibración

Todo lo que forma parte del universo tiene su propia vibración, frecuencia y energía. Lo que vibra similar se atrae. El poder de las emociones está ligado a la ley de la vibración.

La manera en la que los seres humanos elevamos nuestra vibración es a través de nuestras emociones de alta frecuencia. Para manifestar aquello que deseamos, debemos vibrar y convertirnos en eso que deseamos para manifestarlo desde el ser.

Recuerda que las emociones son energía electromagnética, que atraen personas y situaciones que vibran en la misma frecuencia. La vibración es una elección y te corresponde a ti tomar la decisión de vibrar alto y de sostener este estado en el tiempo para crear la realidad con la que sueñas.

Ley de causa y efecto

Toda acción provoca una reacción. Todo efecto, consecuencia o resultado tiene una causa. Nada sucede por casualidad, sino causalmente. Por ello, siempre cosechas lo que siembras.

Es el karma que se genera con nuestras acciones en esta o en otra vida. Si no crees en la reencarnación, puedes limitar su naturaleza a esta existencia, en la que cada acción genera un efecto. Pero si crees en ella, ahí estaría la razón a situaciones que consideramos injustas, ya que estas tendrían su causa en otro momento de la existencia de nuestra alma o en la elección de lo que se quiere venir a aprender, como nacer con una enfermedad terminal, sufrir una agresión, vivir la experiencia de una guerra, sufrir un despojo o nacer en condiciones de pobreza extrema.

Con el uso del "yo del futuro" en el proceso de la manifestación, hoy sabemos que esta ley no solo se puede activar desde la causa que produce un efecto, sino que también desde el efecto que produce la causa. Cuando envisionamos, y con nuestra imaginación viajamos al futuro y somos testigos del efecto del deseo cumplido, activamos esta ley en sentido contrario, es decir, del efecto vamos a la causa. Desde el futuro sembramos la semilla en el presente para que nuestra mente y cuerpo actúen en consecuencia. En este caso, estaríamos hablando de la ley efecto/causa.

FORMAS DE COMUNICARNOS CON EL UNIVERSO

El Universo siempre responde a la vibración que estamos creando y, con base en ella, podemos estimular nuestra comunicación y conexión con él a través de la frecuencia que emitimos al encontrarnos en estado de agradecimiento, al estar en contacto con la naturaleza, al escuchar nuestra intuición, al estar atentos a sus señales, al permanecer en total consciencia del presente, al meditar, al experimentar emociones de alta frecuencia. Te sorprenderás de la magia que sucede en nuestra vida cuando establecemos un diálogo con él y le permitimos mostrarse y ser nuestro guía.

Podemos también meditar con una intención o pregunta específica dirigidas al Universo, para que, a través de nuestro ser superior y su Fuerza Creadora, manifieste el más alto deseo que tiene para nosotros, dándole libertad de acción y sin que nuestra mente ni ego participen.

Yo tiendo a decir, desde el fondo de mi corazón: "Dime en dónde quieres que esté y ahí estaré". Y después fluyo y me dejo conducir con las oportunidades o nuevos senderos que se despliegan ante mí. Permito la presencia del Universo en mí y disfruto de observar la manera en que va tejiendo mis caminos y las personas que llegan o se van de mi vida. Otra forma de hacerlo es lanzando la siguiente pregunta: "Universo: ¿qué más es posible para mí?". La respuesta puede no llegar de inmediato, pero debemos continuar haciéndola hasta que, mediante un sueño, de nuestra intuición o de señales activadas por el sincrodestino, nos quede claro cuál es el mayor deseo que tiene para nosotros.

Así que mantén tu vibración y energía por todo lo alto para que la fuerza creativa del Universo se manifieste a través de ti, materialice tus deseos y lo que tiene dispuesto para ti.

SINCRONICIDAD

La sincronicidad está formada por los mensajes que nos envía el universo, en los que se dan situaciones que aparentemente no tendrían que suceder, pero que parecen hacerlo de manera misteriosa. Es la serendipia en acción, que por definición es "un descubrimiento o hallazgo afortunado, valioso e inesperado que se produce de manera accidental, casual o por destino o cuando se está buscando una cosa distinta".

En pocas palabras, es un hecho que no puede ser explicado por la ley de causa y efecto. Se produce sin que haya evidencia de qué lo causó, es decir, ocurre sin ninguna explicación, como por ejemplo: cuando estamos pensado en alguien y nos llama; cuando estamos buscando la solución a un problema y alguien que no conocemos la menciona mientras estamos esperando un café; cuando necesitamos ver a alguien y nos lo topamos en un elevador; cuando pensamos en un ser querido que trascendió y aparece un colibrí o un arcoíris; cuando nos urge una información y, de la nada, nos topamos con el *post* que la tiene. Todos estos ejemplos son sincronicidades o, mejor dicho, señales del Universo que se nos presentan para ayudarnos en el proceso de manifestación y para confirmarnos que vamos por el camino correcto.

Las sincronicidades nos sirven de guía al activar nuestra atención y nuestra percepción, porque a través de ellas recibimos señales y mensajes que nos motivan a actuar, conducirnos por la senda adecuada o redirigirnos para tomar un nuevo camino, siempre con el entusiasmo y la pasión por sentirnos conectados con la fuente de la creación.

Las señales del Universo siempre están ahí, solo necesitamos estar conscientes de ponerles atención y verlas, y de que, a través del sesgo de confirmación, podamos encontrarlas. Así de maravillosa es nuestra mente, que, cuando la llevamos por el camino positivo y de alta frecuencia, actúa en consecuencia y nos permite vivir las maravillas de la manifestación divina.

Fórmula de la manifestación										
Actual	Pensamiento positivo/ negativo	+	emoción alta/baja frecuencia	+	acción positiva/ negativa					
Consciente	Pensamiento positivo	+	emoción de alta frecuencia	+	envisión	+	acción positiva			
Divina	Pensamiento positivo	+	emoción de alta frecuencia	+	envisión	+	acción positiva	+	Universo	

LOS CINCO ELEMENTOS ESENCIALES EN ACCIÓN

Conociendo los cinco elementos esenciales de la fórmula de la manifestación, apliquémoslos en un mismo ejemplo: el del deseo de "tener una casa nueva" en los tres niveles, para que, con base en él, puedas crear cualquiera de los deseos materiales que desees manifestar:

Manifestación actual

$$P^{+/-} + E^{+/-} + A^{+/-}$$

(Pensamientos positivos/negativos + Emociones de alta/ baja frecuencia + Acciones positivas/negativas)

DESEO: Quiero una casa.

VISIÓN: Con base en mi "yo del pasado", jamás he tenido una casa y me es difícil imaginarme en ella.

CREENCIAS LIMITANTES: "Yo no merezco una casa", "Soy un iluso si creo que tendré el dinero para comprarla", "El dinero no se da en maceta y es muy difícil generarlo".

PENSAMIENTOS NEGATIVOS: Soy un estúpido por soñar tan alto.

EMOCIONES: Frustración, tristeza y depresión.

INTENCIÓN: Quiero una casa nueva, pero aún no tengo el dinero para obtenerla.

ESTRATEGIA/PLAN: No existe. Donde está mi atención está mi energía y esta está dirigida a la escasez en la que vivo, la cual a su vez impide que mi percepción detecte cualquier posibilidad de acción.

ACCIÓN: No tomo ninguna decisión ni acción.

RESULTADO: No manifiesto ninguna casa.

Manifestación consciente

$$P^{+} + E^{+} + E + A^{+}$$

(Pensamiento positivo + Emoción de alta frecuencia + Envisión + Acciones positivas)

DESEO: Quiero una casa.

ENVISIÓN: Con mi "yo del futuro" ya me vi y me sentí teniéndola.

CREENCIAS EMPODERADORAS: "Yo merezco una casa", "Tengo la certeza de que es para mí", "Soy generador de mi propia abundancia", "El dinero es una energía que llega a mí con facilidad".

PENSAMIENTO POSITIVO: Es la casa que merezco y ya la estoy disfrutando al máximo.

EMOCIÓN DE ALTA FRECUENCIA: Entusiasmo, ilusión y felicidad.

INTENCIÓN: Quiero una casa nueva, pero aún no tengo el dinero para obtenerla.

Estrategia/plan: En donde está mi atención está mi energía, así que, a través de mi percepción, la dirijo al campo de las posibilidades y creo una estrategia que me conduzca a manifestar mi deseo para obtener el dinero mediante acciones que me acerquen a su materialización: *1)* checo mis ahorros, *2)* analizo los préstamos bancarios, *3)* proyecto mi carrera a futuro para fortalecerla y tener un mayor sueldo, *4)* vendo otra propiedad, *5)* le pido el dinero a un amigo o familiar con un menor interés, *6)* hipoteco otro bien, *7)* organizo diferentes préstamos con diferentes fechas de pagos, *8)* vendo las joyas de la familia.

Acción: Analizo y elijo, dentro de estas posibilidades, con cuál iniciar. Actúo para lograr mi objetivo y defino los nuevos ocho pasos y tiempos de ejecución de la primera acción que elegí.

Resultado: Manifiesto la casa de mis deseos.

La manifestación consciente nos llevar a concretar nuestro deseo a través de nuestras acciones. Cuando el resultado no está en nuestras manos ni depende de nosotros, entra en acción la manifestación divina al entregarlo a la Fuerza Creadora.

Manifestación divina

$$P^{+} + E^{+} + A^{+} + E + U$$

(Pensamiento positivo + Emoción de alta frecuencia + Acciones positivas + Envisión + Universo)

Deseo: Quiero una casa.

Envisión: Con mi "yo del futuro" ya me vi y me sentí en posesión de ella.

Creencias empoderadoras: "Yo merezco una casa", "Tengo la certeza de que es para mí", "Soy generador de mi propia abundancia", "El dinero es una energía que llega a mí con facilidad".

Pensamiento positivo: Es la casa que merezco y ya la estoy disfrutando al máximo.

Emoción de alta frecuencia: Entusiasmo, ilusión y felicidad.

Intención: Quiero una casa nueva, pero aún no tengo el dinero para tenerla.

Estrategia/plan: En donde está mi atención está mi energía, así que, a través de mi percepción, la dirijo al campo de las posibilidades y creo una estrategia que me conduzca a manifestar mi deseo para obtener el dinero mediante acciones que me acerquen a su materialización: *1)* checo mis ahorros, *2)* analizo los préstamos bancarios, *3)* proyecto mi carrera a futuro para fortalecerla y tener un mayor sueldo, *4)* vendo otra propiedad, *5)* le pido el dinero a un amigo o familiar con un menor interés, *6)* hipoteco otro bien, *7)* organizo diferentes préstamos con diferentes fechas de pagos, *8)* vendo las joyas de la familia.

Acción: Analizo y elijo, dentro de estas posibilidades, con cuál iniciar y actúo para lograr mi objetivo y defino los nuevos ocho pasos y tiempos de ejecución de la primera acción que elegí. Hago lo que depende de mí para crear el resultado. Cuando este aún no se materializa, lo entrego al Universo y me mantengo alineado, coherente y vibrando alto.

Es un hecho que el Universo siempre está presente en nuestra vida. En realidad no es que él sea una cosa y nosotros otra. No estamos separados. Somos parte de la misma energía. Nosotros tenemos la capacidad de actuar y manifestar a voluntad nuestros deseos, pero cuando estos no se materializan en nuestros tiempos es porque hay un plan más grande para nosotros y debemos permitir que la Fuerza Creadora intervenga, sin tratar de controlar, sino manteniéndonos abiertos a sus señales y al campo de todas las posibilidades. Será entonces cuando cocreemos junto con el Universo, que pondrá en nuestro camino aquello que nos haga lograr nuestro más alto bien.

Resultado: Logramos tener la casa ideal que va de acuerdo con nuestra vibración.

Te comparto que, después de años de ahorro, tenía el dinero necesario para comprar un departamento y había estado llevando el proceso de manifestación consciente al pie de la letra. Estaba feliz por el sueño alcanzado y ya me veía ahí. Después de una gran búsqueda, llegó el lugar tal y como lo deseaba. Di el enganche y me lo entregarían cinco meses después. Pero esto no ocurrió, pues el constructor decidió hacer más pisos de los permitidos, le clausuraron el edificio e hizo fraude. ¿Saben el dolor, frustración, enojo, rabia y tristeza que esto me provocó? De hecho, en la actualidad el edificio sigue con la construcción a medias y está abandonado. Que si ha sido muy duro enfrentar el engaño, sí. Que si he llorado mil mares, sí. Que si se me hace injusto, sí. Pero, por más que he hecho, no he logrado solucionar legalmente este problema después de siete años, a pesar de seguir al pie de la letra lo que los abogados indican, así que, lo mejor que pude hacer fue soltar emocionalmente lo que me provocaba sentirme presa de tal injusticia, ya que esto solo me llevaba a tener emociones de baja vibración al ver mi dinero y mi sueño perdidos. Retomé mi deseo de manifestar un espacio y mantuve la certeza del deseo cumplido y, ante esto, el Universo conspiró a mi favor y comenzó a generarme proyectos remunerados. Recibí también un pago que no esperaba y, con ese dinero, pude dar el enganche para otro inmueble, que es más luminoso, más lindo y tiene una energía increíble. Así de maravilloso y misterioso es el Universo cuando le permitimos cocrear con nosotros en la manifestación de nuestro deseo y nosotros nos mantenemos con nuestras intenciones y acciones claras haciendo lo que nos corresponde.

12
LA FÓRMULA DE LA MANIFESTACIÓN EN EL AMOR

El amor de pareja es uno de los deseos más comunes y hay que ser consciente de varios aspectos para lograrlo, y por eso merece un capítulo a parte.

El proceso de manifestación tiene que ver con lo que nosotros podemos accionar. Como no podemos hacer que una persona sienta o deje de sentir algo, no está en nuestro ámbito de acción que otro nos ame o nos desee. Eso solo le compete a la otra persona. Pero lo que sí está en nosotros es convertirnos en ese ser que vibra en la misma frecuencia de aquel con el que queremos manifestar una relación, es decir, debemos convertirnos y SER como queremos que SEA nuestra pareja ideal. Es importante destacar que en las relaciones amorosas, en un principio, más que enamorarnos del otro, lo hacemos de lo que nos convertimos cuando estamos con esa otra persona. Amamos lo que somos con ese otro y también lo que sentimos a su lado, porque la naturaleza amorosa se revela cuando estamos con una pareja.

Por lo que, en cuestiones del amor, lo primero que tenemos que hacer es trabajar con nosotros mismos. Debemos sanar nuestras heridas de la infancia, enaltecer nuestro amor propio y nuestro merecimiento porque, como los cabalistas afirman: "la pareja que tenemos es para lo que nos alcanza". El otro es solo el reflejo del proceso que estamos viviendo. El otro es mi espejo, y así como cuando vemos nuestro reflejo en un espejo real no peinamos ni arreglamos la imagen reflejada sino a nosotros mismos, de igual manera, lo que ocurra en la relación tiene que ver con nosotros, en tanto que el otro solo colabora para que podamos vernos a nosotros mismos en consciencia.

Así que, si no tenemos una pareja o no la que deseamos, entre más alineados estemos en nuestro pensar, sentir y actuar, más fácil será atraer como un imán a alguien que esté en nuestra misma frecuencia energética, alta y positiva. Recuerda: lo similar se atrae, no lo diferente.

Ahora haz una lista detallada de lo que te gustaría ver en tu pareja: su físico, sus gustos, sus valores, sus principios, su filosofía de vida, la relación con sus amigos y su familia, su desarrollo profesional, su economía. Todo. Y ahora trabaja en ti y conviértete en eso que deseas. Haz de esta lista tu lista. Desarrolla en ti todos esos ideales que quieres ver en el otro. Si quieres atraer a la mejor pareja, sé la mejor pareja.

Para manifestar una relación amorosa:

1. Analiza las creencias limitantes. Ejemplos de creencias limitantes en el amor: "Yo no tengo suerte en el amor", "Mis parejas solo quieren sexo", "Nadie quiere comprometerse", "Estoy demasiado vieja para encontrar el amor", "No soy tan atractiva", "Los demás encuentran el amor fácilmente, yo no", "Algo está mal conmigo, nadie me ama", "Siempre me *ghostean*", "Los hombres me tienen miedo porque soy

independiente", "Las mujeres solo quieren que las mantengan", "Todos son infieles", "Solo me topo con puro narcisista".

2. *Hackea* tu cerebro y desprograma estas creencias con las herramientas que has aprendido en este libro.
3. Observa las relaciones que has tenido hasta ahora, sin juzgar a las otras personas, ni como actuaron ni lo que dejaron de hacer. Enumera en tu primer cuaderno cuáles son las conductas que se repiten en ellas, cuáles han sido las causas de la ruptura y si tienen actitudes iguales; luego voltea la mirada hacia ti y ve qué descubres. Quizá encuentres patrones de apego, de celos, de inseguridad, de narcisismo, de miedo al abandono, etc., que te hablarán más sobre ti que de ellas.
4. Una vez estando consciente de tu pasado, no permitas que tus experiencias anteriores condicionen tu camino, extrae el aprendizaje y dale un nuevo significado a lo vivido. Tú tienes la capacidad de cambiar la narrativa. Es momento de elevar tu frecuencia, tu vibración y tu amor propio.
5. Define qué tipo de relación quieres vivir: noviazgo, matrimonio, unión libre, en compromiso pero cada quien en su casa, relación abierta, poliamor, etcétera.
6. Envisiona e instala tu deseo en el subconsciente contándole a tu "yo del futuro" cómo te quieres sentir y lo que quieres vivir con tu pareja ideal.
7. Genera encuentros con distintas personas, sin expectativas y creando espacios de energía amorosa.
8. Mantente vibrando alto al inspirarte en el amor que ves a tu alrededor. Instala en tu mente la creencia poderosa de que el amor verdadero y real es posible.

9. Sigue vibrando alto hasta que la relación amorosa que deseas se manifieste.
10. Ten la certeza de que, en los encuentros álmicos, el Universo, a través de la sincronicidad, es el que tiene el papel más importante.

El amor, si bien es una emoción, también es una decisión que se toma en consciencia y con los ojos abiertos. Para lograrlo, como bien dice Joe Dispenza, es necesario dejar atrás el sufrimiento y los apegos de antiguas relaciones. Seguir aferrándonos al pasado nos impide generar una relación duradera y satisfactoria. Es importante poner nuestra atención e intención en nuestro "yo del futuro" que crea la relación ideal, para, a partir de ella, tomar acciones y entrar al campo de las posibilidades que nos lleven a manifestarla en el presente.

13

¿POR QUÉ EN OCASIONES NO MANIFESTAMOS LO QUE QUEREMOS CUANDO LO DESEAMOS?

Existen tres razones para no manifestar lo que queremos cuando lo deseamos:

1. El sendero de la vida no es recto
2. Necesitamos un mayor aprendizaje
3. El Universo toma decisiones por nosotros

EL SENDERO DE LA VIDA NO ES RECTO

La vida no es una consecución de actos y experiencias ordenadas a la perfección. Al evento A, no necesariamente le siguen el B, C y D. Muchas veces vivimos experiencias que parecen no estar conectadas unas con otras, y quizá del evento A vamos al Z, luego al P y, de ahí, al N. Y no es sino hasta que pasa el tiempo, y que vemos los hechos en retrospectiva, que nos damos cuenta de que todo estaba perfectamente bien trazado y trenzado, aunque al principio no lo viéramos así.

Un querido amigo deseaba ser reconocido como un actor dramático importante. Soñaba con recibir premios internacionales y, cuando platicaba sobre este sueño, era muy claro como él se veía cumpliendo su deseo. Su cara y la manera en la que contaba cómo viviría la escena exactamente lo decían todo, pero por más que hacía, siempre le ofrecían papeles en programas de comedia. Se sentía desesperado porque otros de sus compañeros habían logrado colocarse donde a él le hubiera gustado, y él no corría con la misma suerte. Lo cierto es que era tan talentoso y disciplinado que su carrera como comediante lo llevó a tener un gran éxito, lo que parecía alejarlo de su sueño de ser un actor dramático. Pero que él jamás abandonó su deseo y mantuvo su mente, su corazón y su cuerpo vibrando alto durante años. Hubo momentos de desesperanza y frustración, pero en el fondo tenía la certeza de que su envisión cobraría vida. Y así fue como, con la intención clara, volvió a buscar oportunidades en roles melodramáticos cuando ya era una gran figura en la comedia. Solo que, en esta ocasión, el éxito obtenido le sirvió de puerta de entrada a la manifestación de su deseo. Tal fue su determinación que el Universo decidió acompañarlo y hoy es uno de los actores más completos y un referente en la industria internacional por la gama de personajes que puede interpretar. Su camino no fue lineal, como sí lo fue el de algunos de sus colegas. Hubo crestas y valles, pero, sin duda, él superó por mucho aquello que algún día soñó.

NECESITAMOS UN MAYOR APRENDIZAJE

Nosotros quisiéramos ver de inmediato materializado nuestro deseo, aunque quizá aún necesitamos aprender nuevas lecciones para poder sostenerlo.

Convertirte de un día a otro en millonario requiere de estabilidad emocional, de aprender a hacer proyectos financieros y de planeación para integrar la riqueza a la vida. Es decir, hacer un trabajo interno y externo. Es sabido el impacto que ha tenido en algunas personas ganar el premio mayor de la lotería: recibir de un día para otro tal cantidad de dinero ha llevado a muchos a vivir un *shock* que los conduce a un abismo. Hay quienes al dedicarse a despilfarrar su fortuna al poco tiempo se enfrentan a una gran depresión y ansiedad al verse de nuevo sin dinero, mientras que otros desarrollan paranoia y angustia profunda ante la desconfianza que les genera que la gente solo los quiera por interés.

Por otra parte, cuando una experiencia se repite en nuestra vida es porque no hemos integrado la lección que conlleva. Por ello, no existe tal cosa como el fracaso, si de él adquirimos la enseñanza oculta. Estas solo son experiencias que nos ayudan a crecer y a redirigir nuestro proceso de manifestación al mostrarnos los caminos que no nos conducen a él para, a su vez, acercarnos a los que sí lo hacen.

Esto es muy claro verlo en las relaciones de pareja: pasamos de una relación a otra para vivir prácticamente lo mismo, y no es sino hasta que nos damos cuenta y, en consciencia, rompemos el patrón de conducta y elevamos nuestra frecuencia y vibración, que el Universo nos deja dar el siguiente paso y nos permite conocer a personas que tienen otra vibración.

Este aprendizaje a través de la repetición de casi una misma experiencia se llevará el tiempo que sea necesario hasta que podemos integrarlo, para así seguir avanzando en el proceso de manifestación de aquello que tanto deseamos.

EL UNIVERSO TOMA DECISIONES POR NOSOTROS

El Universo nos enfrenta a cambios inesperados de 180 grados para redirigir nuestra vida. De la "nada", perdemos el trabajo, rompemos con una relación que lleva años o alguien nos traiciona. Desde nuestra perspectiva, vivimos estos hechos como grandes injusticias que nos llevan a sentir rabia, coraje o tristeza y nos lanzan por un tobogán que nos conduce a un túnel oscuro que, a su vez, nos impide ver el mensaje que hay detrás de estos reveses del destino que consideramos negativos.

Pero nada ocurre porque sí. Todo tiene una razón y el Universo la sabe. La energía creadora, con su inmensa sabiduría, nos hace enfrentarnos a estos cambios drásticos para redireccionarnos con el fin de crear espacio para que la manifestación de otra realidad se lleve a cabo.

En muchas ocasiones estos giros sorpresivos son solo el preámbulo o señal de que estamos acercándonos a nuestro deseo y de que se debe eliminar lo que ya no está en concordancia con él. Al ponerle punto final a una experiencia que ya no nos aporta nada, se genera un nuevo principio que jamás hubiéramos creado por voluntad propia. Se azota una puerta en nuestra cara con la intención de quitar los bloqueos que nos están alejando de la materialización de nuestros sueños, aunque nosotros hubiéramos estado convencidos de que estábamos en el lugar correcto. Siempre hay un plan más grande para nosotros y el Universo lo conoce a la perfección. Por ello, ejecuta acciones en nuestra vida que tienen como fin llevarnos a un mejor lugar por difícil y doloroso que a veces sea, y es solo a la distancia cuando podemos ver "la película completa" y comprender por qué nos quitó de un lugar, nos alejó de alguien, nos enfrentó a una muerte de un ser querido o nos hizo vivir una experiencia extrema. Con el tiempo entendemos el aprendizaje que había detrás y las bendiciones que llegaron con eso tan duro que vivimos.

Confiemos que el Universo siempre conspira a nuestro favor, porque, a pesar de la resistencia que presentamos ante los giros de la vida, los cambios que nos presenta son lo mejor que nos puede pasar, aunque de inicio no lo parezca.

Te comparto una experiencia que en su momento fue muy dolorosa, pero que terminó por llevarme por un sendero en el que hoy me siento expandida, realizada y feliz.

Yo era muy feliz conduciendo el programa de revista más importante de la televisión mexicana. Con el lanzamiento del programa logramos *ratings* nunca antes vistos y parecía que eso que tanto disfrutaba duraría por mucho tiempo, pero el Universo tenía otros planes para mí. Por decisiones que yo no tomé, hubo cambio de productor y, por tanto, de elenco, y de un día para otro me quedé sin esa actividad que tanto amaba. No sé por cuantos días lloré y me rebelé ante tal injusticia. De manera colateral, había empezado mi carrera como escritora de telenovelas, mi plan B en la vida. Y aunque mi socia y yo alcanzamos un gran éxito con la primera historia, lo que nos abrió de par en par las puertas al mundo de las letras, lo único que yo quería era regresar a la conducción. Pero el Universo seguía redirigiéndome cada vez que yo tomaba ese camino. Mi frustración por no cumplir mi deseo me tenía muy mal y no podía ver cómo mi carrera de escritora cobraba cada vez más fuerza. Un proyecto seguía al otro, e incluso publiqué mi primer libro. Hasta que un día una amiga me sirvió de espejo y me hizo entrar en consciencia y pude observar que el camino de las letras fluía de manera natural y el de la conducción presentaba gran resistencia. Era el Universo hablándome con hechos del camino que sí estaba abierto para mí y que antes no podía ver. Pero en cuanto lo hice y dejé de pelearme con la vida, fue evidente que el que yo consideraba como mi plan B, en realidad era mi plan A. Cuando esto sucedió, me fue fácil entregarme de lleno al mundo literario y SER una escritora.

Hoy, viendo el proceso en retrospectiva, puedo ver que el Universo me llevó por un sendero que en ocasiones me provocó llanto, frustración y dolor, hasta que yo misma logré hacer a un lado mi ego y mi afán de querer controlar las cosas, para entregarme de lleno al gozo y felicidad que me provoca escribir, sentimientos que siempre desee experimentar a nivel profesional.

Como lo vimos antes, no son las cosas, ni las personas, ni los hechos lo más importante y lo que nos mantiene entusiasmados en el proceso de manifestación, es el cómo nos sentimos con estas cosas, personas y hechos. La felicidad no viene de afuera, la generamos dentro de nosotros.

Así que, cuando la vida te presente un cambio drástico, mantente alerta a las señales y a lo que ocurre a tu alrededor y permítete observar al Universo redireccionar tu vida al quitar los obstáculos que te impiden llegar a tu verdadero deseo, ese que se anida en el corazón, porque él siempre juega a tu favor y está cocreando contigo tu realidad.

14
CÓMO ACELERAR EL PROCESO DE MANIFESTACIÓN

Para acelerar el proceso de manifestación, debemos activar poderes que solo dependen de nosotros:

- El poder del agradecimiento
- El poder de la coherencia
- El poder de envisionar
- El poder de la flexibilidad
- El poder de la rendición

EL PODER DEL AGRADECIMIENTO

El agradecimiento es una de las vibraciones más altas que podemos generar y conlleva muchos beneficios: pone nuestra atención en lo bueno que nos sucede e inhibe los pensamientos y emociones negativas. Estar en estado de gracia nos permite elevar nuestra frecuencia y acelerar la manifestación al envisionar y tener la certeza del deseo cumplido, como ya lo vimos en el capítulo dedicado a las emociones.

EL PODER DE LA COHERENCIA

Debemos activar la autobservación y cacharnos cada vez que nos salimos del redil. Es fácil perder la consciencia de nosotros mismos y volver a caer en las garras del subconsciente y nuestro ego.

Pero como ya aprendimos a desarticular las creencias limitantes que no nos dejan avanzar y cambiar pensamientos negativos y emociones de baja frecuencia por pensamientos positivos y emociones de alta frecuencia, cada vez que nos descubramos cayendo en nuestro "yo del pasado", cada vez que actuemos en automático y tropecemos con la misma piedra, podremos hacer un alto para traernos de nuevo al presente y darle una intención a nuestras acciones para estimular nuestro proceso de manifestación. Mantenernos en coherencia y alineados a nuestra forma de pensar, sentir y actuar positivo es lo que lo acelera.

Todo es energía, y mantener nuestra mente, corazón y cuerpo en la misma vibración es sumamente poderoso. La coherencia nos acerca a la manifestación.

EL PODER DE ENVISIONAR

Utilizar la imaginación, revestida con emociones de alta frecuencia y con la presencia del "yo del futuro", nos permite sembrar en el presente la semilla que comenzará a germinar para lograr lo que deseamos.

Al regalarle la película de nuestro futuro a nuestra mente y a nuestro corazón, aceleramos la manifestación. De ahí la importancia de estarlo haciendo de manera frecuente y hasta que veamos materializado nuestro deseo. Debemos activar constantemente a nuestro "yo del futuro" por medio pensar, creer, sentir y tomar acción como lo haría él, y, así, activar la sincronicidad que permitirá que la manifestación cobre vida.

Este, proceso sostenido y reforzado en el tiempo, se manifestará inevitablemente en nuestra realidad física. Recuerda que el mundo externo es reflejo de nuestro mundo interno.

La manifestación es el resultado de cambiar nuestra frecuencia a tal grado que podamos empezar a percibir lo que ya existe en el mundo de las posibilidades, pero que antes era invisible a nuestros ojos. Se trata de SER y de VER, porque solo podremos manifestar lo que está en correspondencia con nuestra vibración.

EL PODER DE LA FLEXIBILIDAD

El resultado final y el cómo vamos a llegar a él no depende al cien por ciento de nosotros. Mientras nosotros ejecutamos el cincuenta por ciento, el otro cincuenta por ciento le corresponde al Universo. El Universo, a través de sus leyes, puede incluso manifestar algo mucho más grande que lo imaginado, porque él siempre juega a nuestro favor, aunque a veces no podamos entender los caminos y los tiempos que utiliza para manifestarlo.

Debemos ser flexibles, soltar el resultado y activar el agradecimiento del deseo cumplido con la certeza de que lo soñado seguramente se manifestará.

Después de hacer lo que está en nosotros durante el proceso de la manifestación consciente, el resto le corresponde al Universo. Así que soltemos el resultado, seamos flexibles y no nos pongamos en su camino ni tratemos de controlar el proceso, como tampoco queramos ajustarlo a nuestros tiempos ni a nuestra mente limitada. El Universo manifestará eso que deseamos en la mejor forma y circunstancia y en beneficio de nuestro más alto bien y aprendizaje. Así que digámosle: "Úsame", "Guíame", "Muéstrame".

EL PODER DE LA RENDICIÓN

El poder de rendirnos ante la magia del Universo, dejando a un lado el ego y los deseos de control, lejos de ser una debilidad, es una fortaleza. Es reconocer que el Universo sabe más que nosotros. Es pasar del "hacer que suceda" a "permitir que suceda".

Ya sea convirtiéndonos en una especie de canal que el Universo utiliza para manifestar —como me sucedió al escribir *Placeres ocultos*, novela que literalmente el Universo me dictó y en la que experimenté una canalización que me permitió adentrarme en el mundo apasionante de las cinco mujeres que la protagonizan— o cuando dejamos que, con toda su sabiduría, él se manifieste en nuestra vida y fluyamos con lo que se va presentando, más allá de nuestros deseos y expectativas.

Dejemos que la magia del Universo se manifieste en nuestra vida. Todo lo que es importante para nosotros sucederá. La Fuerza Creadora tiene un plan mayor, tiene la película completa de nuestra vida, así que nos toca hacer lo que está en nuestro poder, para después agradecer, rendirnos, fluir y gozar el proceso al reconocer al Universo como el cocreador de nuestra realidad.

RECOPILACIÓN

- Crear lo que deseas es una posibilidad real.
- El proceso de manifestación es un proceso.
- No se trata de tener un pensamiento mágico, sino de tomar una decisión en consciencia, y esa decisión solo depende de ti.
- Manifestamos lo que creemos, no lo que deseamos ni necesitamos, por ello tenemos que convertirnos y vibrar como "eso" que deseamos.
- Trabajar con nuestro subconsciente nos permite "recablear" nuestro cerebro; desaprender lo introyectado y aprender nuevos caminos neuronales que nos lleven a edificar un mejor futuro.
- En nuestro subconsciente anidan las creencias limitantes. Debemos desprogramarlas y generar creencias empoderadoras alineadas con nuestra meta.
- Los pensamientos negativos y las emociones de baja frecuencia nos drenan; mientras que los pensamientos positivos y las emociones de alta frecuencia nos conducen a la manifestación.

- Existen tres niveles de manifestación: el actual (basado en el pasado y en pensamientos, emociones y acciones negativas y positivas), el consciente (basado en el futuro y en pensamientos, emociones y acciones positivas) y el divino (que es el que cocreamos con el Universo).
- Si manifestamos con base en el pasado, nuestro presente y nuestro futuro serán muy similares. Si manifestamos con base en nuestro "yo del futuro", nuestro presente y futuro nos llevarán al campo de las posibilidades para generar una realidad alineada a nuestra mejor versión.
- Nuestro cerebro no distingue lo real de la ficción, por tanto, al mostrarle una imagen vívida de nuestro deseo con total emoción al envisionar, hará todo por activar el sesgo de confirmación que nos lleve a encontrarlo.
- Manifestar se trata de ver más.
- Nuestra mente proyecta en la realidad lo que piensa y siente. Esto crea una frecuencia que enviamos al mundo. Este estado del ser nos aleja o acerca a lo deseado.
- Debemos elevar nuestra frecuencia a la más alta vibración para activar: la ley de la atracción (lo positivo atrae lo positivo), la ley de la vibración (lo que vibra igual se atrae) y la ley de causa y efecto (pero de manera inversa: llevada desde el efecto que genera la causa) para hacer *match* con lo deseado.
- La mejor forma de subir nuestra frecuencia es envisionar y vivir de manera sostenida en la vibración del deseo cumplido y agradecido, aunque aún este no se manifieste en la realidad.
- La certeza que da el "ya me vi" o "ya lo sentí", aun antes de que nuestros cinco sentidos puedan hacerlo, es una herra-

mienta sumamente poderosa en la manifestación, mientras que la duda baja la frecuencia y limita o hace lento el proceso.

- Debemos tener en cuenta que hay deseos que podemos manifestar desde el nivel de la consciencia, pero que otros pertenecen al nivel de lo divino, en el cual los cocreamos con el Universo.
- El Universo tiene sus propios cómos, tiempos y lenguajes, debemos aprender a darle cabida en nuestra vida y estar pendientes a sus señales y al sincrodestino, ya que siempre busca nuestro más alto bien.
- Conviértete en el efecto que causa lo que desea, mantén la vibración de tu "yo del futuro", agradece por el deseo cumplido y después permite también que el Universo cocree junto contigo.
- Sé la mejor versión de ti mismo, porque lo que eres... ¡es lo que manifiestas!

EN POCAS PALABRAS

El proceso de manifestación es tuyo y solo tuyo, e inicia con la decisión de querer manifestar la vida que deseas y mereces.

Esto es posible y tú puedes hacerlo realidad si optas por echarte el clavado interno y elevar tu consciencia y frecuencia para que tu mente pueda entrar y ver, en el mundo de posibilidades, nuevas opciones, para que tu corazón sienta en el presente lo creado por tu "yo del futuro" y vibre con él, para que tu cuerpo sienta al máximo el amor y la gratitud que conlleva la manifestación.

A partir de ahora, continúa observándote, cachándote cada vez que, por inercia, el subconsciente te lleve a tu "yo del pasado" y, con toda consciencia, redirige tu atención al "yo del presente" y al "yo del futuro". Reta a tu mente cada vez que quiera mostrarte pensamientos negativos y estos te generen emociones de baja vibración. Reprograma tus creencias limitantes, el poder de crear una vida mejor está en ti.

El camino del despertar de la consciencia y de la manifestación se transita todos los días. No es cosa solo de hacerlo mientras lees este libro, sino de continuar practicando las actividades que hiciste, ya que a veces, al volver a contestar una pregunta, la mente hace que se desplieguen respuestas que no había imaginado. Haz del tiempo contigo y de tu cuaderno especial tus aliados. Sigue escribiendo en él tus deseos y tu proceso de materializarlos en consciencia. Tus cuadernos serán el fiel testigo de tu proceso. Será interesante para ti cuando, al paso de un tiempo, releas la actividad en la que describiste cómo era tu vida al iniciar tu metamorfosis. Te sorprenderás de los cambios y de tus manifestaciones. Reconoce el camino andado y honra tu decisión de cambio y tu despertar de consciencia. Conviértete en el experto en tu vida. ¡Sé tu propio gurú!

Recuerda: nuestra mente es maravillosa, nos permite crear una nueva historia, modificar la narrativa al descubrir que al final todo está dentro de nosotros, ya que el cambio no se inicia desde el mundo exterior, sino desde ella, porque, como ya lo vimos, esta proyecta en la realidad lo que contiene y la vibración que genera es la que hace *match* con tus deseos, que habitan ya en el mundo de las posibilidades. Todo lo que quieres existe en el mundo cuántico; si lo deseas, es porque ya existe como una posibilidad. Solo tienes que elevar tu vibración para poderlo VER.

Gracias por permitirme acompañarte hasta este momento. Ahora te toca a ti tomar las riendas de tu vida. Y ahí está el Universo para cocrear contigo, así que haz tu parte, mantén tus pensamientos en positivo, tus emociones en alta frecuencia, toma acciones basadas en intenciones claras y después pon atención a las señales del Universo. Haz consciencia de la oportunidad de cocrear con él tu nueva realidad.

Por último, lo que le dará mayor sentido a todo es comprender que, si somos cocreadores junto con el Universo, es porque esta Fuerza Creadora en realidad no está separada de nosotros, lo he explicado así solo para entender sus leyes y naturaleza racionalmente, pero en cuanto a la manifestación se refiere, tenemos que hacernos conscientes de que estamos hechos de la misma energía. Somos uno con el Todo y en nosotros está el Todo. "El Universo somos nosotros y nosotros somos el Universo", de ahí que lo que somos es lo que manifestamos.

Ahora es tiempo de disfrutar el proceso de manifestación. Alimenta con pasión y amor tu mente, tu corazón y tu cuerpo, y vive en estado de gracia el deseo cumplido, que la vida que deseas ya está aquí. Hazte responsable de tu manifestación y deja que el Universo en ti y tú en el Universo activen la magia creadora.

¡Felicidades por SER un mago de la manifestación!

Agradecimientos

Gracias a todos los guías y maestros espirituales que he encontrado en mi camino. Sus palabras han marcado mi destino.

Gracias infinitas a todos los escritores de libros del despertar de la consciencia, de autoayuda y de conocimiento del ser humano psicológico y social que he leído. Mi vida no sería la misma sin ustedes.

Gracias a David García Escamilla porque, después de un largo desayuno, me sugirió explorar el tema y escribir este libro. Mil gracias por tu confianza y cariño. Sabes que es de ida y vuelta.

Gracias a Soraya Bello por acompañarme como editora en esta edición. Aprecio tu amor a las letras y tu creatividad.

Como siempre, en cada paso que doy, gracias a quienes habitan en mi corazón y son la fuente que motiva mi vida: mis hijos Daniel y Andrea, y a quienes hoy los acompañan en su sendero: Chels y Gatto. Son el máximo regalo que el Universo me ha dado. Amo, amo, amo la familia que somos.

Y gracias a ti, por permitirme compartir contigo este mi noveno libro.

La autora

Instagram: @marthacarrillop
X: @marthacarrillo
Youtube y Spotify: *Universos* por Martha Carrillo

Martha Carrillo es una destacada *storyteller*, comunicadora y periodista mexicana. Es licenciada en comunicación por la Universidad Iberoamericana.

Como escritora de historias y generadora de contenidos tiene en su haber catorce telenovelas y dos series que han sido realizadas por una de las productoras más importantes de habla hispana: Televisa Univisión.

En el mundo literario ha publicado ocho libros: tres de desarrollo humano, dos en coautoría y tres novelas, incluida la más reciente *Placeres ocultos*. *Manifestación* es su noveno libro. Ha participado como conductora y periodista en diferentes programas televisivos, principalmente en el Canal de las Estrellas. Es columnista de la plataforma digital Opinión 51.

Martha se desarrolla como conferencista, *coach* personal y ha incursionado en distintas corrientes del mundo espiritual, en las que se ha especializado en *reiki*, *theta healing*, numerología, kabbalah y astrología. Su pódcast *Universos*, dedicado al despertar de la consciencia, llega a más de 80 países. Su mayor búsqueda es la transformación alquímica interior y la de aquellos a los que toca con su palabra escrita o hablada.

Esta obra se terminó de imprimir
en el mes de octubre de 2025,
en los talleres de Impresora Tauro, S.A. de C.V.
Ciudad de México.